Mosaik bei
GOLDMANN

Buch

Der Sinn des Lebens liegt darin, glücklich zu sein, in diesem Punkt ist sich die Mehrheit der Deutschen den Umfragen nach einig. Doch als wirklich glücklich bezeichnen sich gerade mal ein Drittel der Befragten. Eigentlich müsste es uns so gut gehen wie nie zuvor, aber offenbar besteht kein Zusammenhang zwischen Wohlstand und Wohlbefinden, denn ganz gleich, was wir in unserem Leben erreichen: Wir wollen immer mehr, und immer schielen wir nach den Kirschen in Nachbars Garten.

Der Präventivmediziner Dr. Michael Spitzbart hilft unserem Glück auf die Sprünge: Er erklärt, wie Glück entsteht, wie unsere Gefühle und körperlichen Funktionsweisen zusammenhängen, und er verrät, wie wir unsere naturgegebenen Sensoren für das Glück zu aktivieren lernen. Praxisnah zeigt der Gesundheitscoach, wie sich die neuesten Erkenntnisse der Wissenschaft im Alltag umsetzen lassen. Denn mit gesunder Ernährung, ausreichend Bewegung und den richtigen mentalen Techniken können wir gezielt an unserer inneren Befindlichkeit arbeiten. Dieses Buch ist ein echter Glücksgriff!

Autor

Dr. med. Michael Spitzbart spezialisierte sich nach dem Medizinstudium in den USA und Deutschland auf präventive und orthomolekulare Medizin sowie auf Akupunktur. Er hat ein Intensivtrainingsprogramm für Unternehmen, Führungskräfte und (Leistungs-) Sportler entwickelt, hält Seminare und Vorträge vor bis zu tausend Zuhörern ab und gehört zu den gefragtesten Rednern in Deutschland.

Dr. Michael Spitzbart

Leben Sie Ihr Glück

Warum Sie alles haben,
was Sie zum Glück brauchen,
und wie Sie es nutzen

Mosaik bei
GOLDMANN

Die Ratschläge in diesem Buch wurden vom Autor und dem Verlag sorgfältig erwogen und geprüft, dennoch kann eine Garantie nicht übernommen werden. Eine Haftung des Autors bzw. des Verlags und seiner Beauftragten für Personen-, Sach- und Vermögensschäden ist ausgeschlossen.

Dieses Buch entstand unter Mitwirkung von Shirley Seul.

FSC
Mix
Produktgruppe aus vorbildlich bewirtschafteten Wäldern und anderen kontrollierten Herkünften

Zert.-Nr. SGS-COC-1940
www.fsc.org
© 1996 Forest Stewardship Council

Verlagsgruppe Random House FSC-DEU-0100
Das für dieses Buch verwendete FSC-zertifizierte Papier *Munken Print* liefert Arctic Paper Munkedals AB, Schweden.

3. Auflage
Originalausgabe März 2005

Umschlaggestaltung: Design Team München
Umschlagfoto: engels zahm & partner, München
Satz: Buch-Werkstatt GmbH, Bad Aibling
Druck und Bindung: GGP Media GmbH, Pößneck
Redaktion: Dagmar Rosenberger
Kö · Herstellung: Han
Printed in Germany
ISBN 978-3-442-16744-9
www.goldmann-verlag.de

Inhalt

Vorwort: Die Sehnsucht nach dem Glück 9

Teil 1: Glück ist da. Überall. Für jeden.
Die Zukunft wird besser! 15
Eigentlich geht es mir ja ganz gut, aber 18
Der rote Teppich für das Glück 21
Wellenreiten 25
Das Glück hat viele Gesichter 28
Umgeben Sie sich mit Glück 32
Alles ist relativ 34
Entspannungspause 37
Die vier Säulen des gesunden Immunsystems 39
Die Feinde des Immunsystems 42

Teil 2: Glück essen
Super Size me 49
Der Mensch ist, was er isst 50
Lebendiges Essen 53
Fett lähmt 55
Etwas Warmes braucht der Mensch? 57
Das Glück im Haferschleim 59
Schokolade macht glücklich? 61
Eine süße Entziehungskur 69
Eiweiß ist Leben 70
Vier Fitmacher für den Speiseplan 75
Der fruchtige Glückscocktail 78
Das gewisse Etwas namens Glück 90

Mineralstoffe 93
Ein Gläschen in Ehren? 103
Die Macht der Gene 104
Allergien 105
Somatische Intelligenz 107
Kochen macht Lust und Laune 110
Ihr persönliches Blutbild 111
Die Hormone des Glücks 114

Teil 3: Glück bewegen
Glück ist die Folge einer Tätigkeit 131
Atem ist Leben 136
Die Glücksmacher in den Beinen 138
Anlaufschwierigkeiten überwinden 142
Die Seele lüften 149

Teil 4: Die Anatomie des Glücks
Immer auf der Schulbank: das Gehirn 153
Flow ist, wenn alles flutscht 158
Die Wahrnehmung folgt der Vorstellung 161
Klassische Konditionierung 165

Teil 5: Mentalhygiene
Wir tragen unser Glück in uns selbst 171
Die Welt ist, wie wir sie uns denken 174
Beachtung bringt Verstärkung 179
Positives Denken – eine Frage des Trainings 182
Psychoneuroimmunologie 185

Teil 6: Glücksbringer
Der Glaube versetzt Berge 191
Liebe 194
Freundschaft 199
Beruf und Hobby 202

Besitz ... 205
Klarheit ... 213

Teil 7: Magic Moments
Die Juwelen des Lebens ... 219
Springen Sie aus der Warteschleife! ... 221
Glückstagebuch ... 223
Glücksbiografie ... 224
Gute Nachrichten verbreiten ... 225
Begeisterung ... 227
Glückssinne ... 228
Abwechslung ... 229
Erste Hilfe ... 230
Hauptsache abhaken ... 231
Energie tanken ... 232
Tagesbeginn ... 233
Tagesausklang ... 234

Teil 8: Happyend
Vom Individuum zum Indivitrium ... 237
Wenn's am schönsten ist, soll man aufhören – und anfangen ... 242

Anhang
Empfehlenswerte Nahrungsergänzungen ... 245
Kontakt zum Autor ... 245
Register ... 249

Vorwort
Die Sehnsucht nach dem Glück

Wann waren Sie das letzte Mal glücklich?
Sie müssen nachdenken, weil es schon eine Weile her ist?
Dann sollten Sie weiterlesen!

Sieben von zehn Deutschen glauben, der Sinn des Lebens liege darin, glücklich zu sein und möglichst viel Freude zu haben. Doch nur drei von den zehn bezeichnen sich als glücklich.

Gehören Sie zu den Glücklichen, die sich glücklich nennen? Gratulation! Dann möchten Sie dieses Buch vielleicht verschenken, weil Sie möchten, dass auch andere Menschen glücklich sind? Erneute Gratulation! Denn damit vermehren Sie auch Ihr eigenes Glück. Wer anderen eine Freude macht, profitiert selbst davon. Das ist nicht nur eine alte Lebensweisheit, das ist mittlerweile auch wissenschaftlich belegt.

Die moderne Hirnforschung hat in den letzten Jahren sensationelle Entdeckungen gemacht. Durch neue bildgebende Techniken wird sichtbar, wie Glück funktioniert. Wo die Lichter im Gehirn angehen, wenn wir uns freuen. Dies befähigt uns, dem großen und kleinen Glück auf die Sprünge zu helfen.

Zum Beispiel mit bestimmten Nahrungsmitteln. Glück kann man nämlich essen! Das ist kein Witz. Man kann das Glück auch durch Bewegung in Schwung bringen. Sie können eine Menge für Ihr eigenes Glück tun, und dieses Buch wird Ihnen dabei helfen. Glück ist ein fruchtbarer Nährboden für Gesundheit, wie auch die Gesundheit umgekehrt beste Voraussetzungen für das Glück bietet. Ohne Körper gibt es kein Glück in diesem Leben. Ohne ihn könnten wir gar nicht spüren, dass wir glücklich sind.

In meiner Eigenschaft als Arzt habe ich im Laufe der letzten Jahrzehnte unzählige Menschen untersucht und behandelt. Menschen, so verschieden wie Menschen nur sein können: Frauen und Männer. Alte und Junge, Große und Kleine, Dicke und Dünne, Kranke und Gesunde. Ja, Sie lesen richtig. Auch Gesunde habe ich untersucht. Gerade gesunde Menschen. Denn sind es nicht sie, über die Ärzte am meisten wissen sollten? Sind es nicht sie, von denen wir am meisten lernen können, damit wir unsere eigene Gesundheit bewahren und nicht erst reagieren, wenn es irgendwo zwickt und zwackt. Leider fließt aber nur rund ein Prozent aller Ausgaben des Gesundheitswesens in die Prävention.

In den letzten Jahren haben immer mehr Sportler, darunter auch Hochleistungssportler wie Fußballstars und Formel-1-Piloten, meine Praxis aufgesucht. Aufgrund meiner zahlreichen Vorträge im In- und Ausland kamen zudem viele Führungskräfte aus der Wirtschaft zu mir. Aber auch jede Menge Menschen wie »du und ich«. Eines haben sie alle gemeinsam: Sie kommen nicht zu mir, weil sie sich krank fühlen. Sie fühlen sich fit und gesund – und das möchten sie bleiben oder sogar noch steigern.

Eines Tages fiel mir auf, dass Menschen, deren Blutwerte bei bestimmten Substanzen im günstigsten Bereich liegen, nicht nur körperlich in einer besseren Verfassung sind. Sie wirken auch glücklicher, sind zufrieden mit ihrem Leben. Oft sind es sogar mitreißende, begeisterungsfähige Persönlichkeiten. Ist das ein Nebeneffekt ihrer hervorragenden körperlichen Verfassung? Wie schaffen sie es, so vital und lebensfroh zu sein?

Ich habe auch viele Menschen kennen gelernt, die vom Leben nicht mit Erfolg und Reichtum verwöhnt wurden und trotzdem eine ansteckend glückliche Ausstrahlung zeigen. Charismatische Menschen, deren Blutwerte und Lebensführung erstaunlicherweise mit denen der »Stars« übereinstimmen. Und das wollen sie behalten, weshalb sie in meiner Praxis auch solche Werte überprüfen lassen, die bei normalen Untersuchungen leider niemals kontrolliert werden.

Seit vielen Jahren also beschäftige ich mich im medizinischen Bereich mit der Gesundheit als Ganzem. In diesem Buch möchte ich deshalb auch die philosophische und psychologische Seite der Lebensfreude ansprechen: Glücksfähigkeit ist ein Dreiklang aus der richtigen Ernährung, der richtigen Bewegung und der richtigen mentalen Einstellung.

Die neuen Erkenntnisse der Wissenschaft über die Funktion des menschlichen Gehirns beweisen vieles von dem, was Menschen schon lange wissen: *Dem Fleißgen winkt das Glück; Trägheit macht traurig; wer rastet, der rostet; du bist, was du isst.* Und sie geben der Medizin hervorragende Mittel an die Hand, Menschen nicht nur wieder auf den Damm zu bringen, sondern sie auch richtig losfliegen zu lassen. Denn unsere innere Klangfarbe, unser Lebensmut, unsere Kreativität, unsere Denkgeschwindigkeit und unsere Schaffensfreude sind auch ein Spiegel unserer körperlichen Verfassung. Und unsere seelische Verfassung spiegelt sich in unseren Blutwerten, unserer Vernetzung im Gehirn und dem Zustand unseres Bewegungsapparates wider.

Es geht hier jedoch nicht darum, etwas zu leisten, obwohl sich Ihre Leistungsfähigkeit erstaunlich steigern wird, wenn Sie den einen oder anderen der nachfolgenden Tipps beherzigen. Es geht nicht darum, zum Spitzensportler oder Spitzendenker zu werden. Es geht allein darum, für sich selbst neue Wege zu entdecken, um das Leben schöner zu gestalten. Glücklicher. Ich möchte Ihnen dazu ein Appetit anregendes Menü glücksbringender Rezepte servieren. Picken Sie sich das heraus, was wichtig und richtig für Sie ist. Ihre Intuition wird Sie nicht im Stich lassen. Schon beim Lesen werden Sie eine Resonanz in sich spüren, der Sie vertrauen sollten. Und dann handeln Sie danach.

Wir beginnen unser Menü mit Antipasti über das Glück im Allgemeinen und im Besonderen, steigen dann als Primi etwas tiefer ein mit der richtigen Nahrung für das Glück und ausreichend Bewegung, fahren Secondi fort mit der Anatomie des Glücks und dem Zusammenspiel von Körper, Geist und Seele, widmen uns schließlich Contorni den Spielformen des Glücks und der glücksfördernden Lebenseinstellung. Zum Schluss genießen wir Dolci der besonderen Art: Magic Moments.

Teil 1

Glück ist da.
Überall.
Für jeden.

Die Zukunft wird besser!

Fast jeder Mensch kennt dieses schleichende Gefühl allgemeiner Unzufriedenheit, das sich in den letzten Jahren wie ein Krake über uns ausgebreitet hat. Der jüngste Datenreport (Stand 2004), herausgegeben vom statistischen Bundesamt, dem Wissenschaftszentrum für Sozialforschung Berlin (WZB) und dem Zentrum für Umfragen, Methoden und Analysen (ZUMA) in Mannheim, bringt es auf den Punkt: Über die Hälfte der Deutschen bezeichnet sich selbst als unzufrieden.

Eine andere Studie besagt, dass nur zwölf Prozent der Deutschen glauben, dass die Zukunft besser wird. Im Umkehrschluss bedeutet das: 88 Prozent sind davon überzeugt, dass die Zukunft eher Negatives für sie in petto hält. Kann dieser kollektive Glaube an schlechtere Zeiten langfristig glücklich machen? Wohl kaum. Die Folgen dieser Geisteshaltung lassen nicht nur viele Zeitgenossen miesepetrig aus der Wäsche schauen, sie zeichnen sich auch sehr realistisch in unserer Volkswirtschaft ab. Denn was glauben Sie, mit welcher Energie die Menschen bei ihrer täglichen Arbeit in die Hände spucken, wenn sie den Glaubenssatz »Es wird alles schlechter« fest im Unterbewusstsein verankert haben? Es kann so ja gar nicht besser werden. Hier bewahrheitet sich wieder einmal das Gesetz der sich selbst erfüllenden Prophezeiung.

Schauen wir uns einmal in den Schwellenländern um: In China und Vietnam sind 92 Prozent der Menschen der Überzeugung, dass die Zukunft besser wird. Und dort wird viel mehr geleistet!

Gedanken sind Realitäten, Worte werden zu Taten, selbst wenn sie nicht laut ausgesprochen werden. Die Schwellenländer erfreuen sich eines Wirtschaftswachstums von über zehn Prozent, das boomende Südchina liegt sogar bei über 15 Prozent.

Wenn Sie nun denken: Es ist falsch, immer nur an Zahlen, ans Materielle zu denken, an Wachstum und an die Wirtschaft, haben Sie natürlich völlig Recht. Darum gehen wir einmal weg von den Statistiken und der grauen Theorie und setzen uns in ein Straßencafé und lassen den Strom der Passanten an uns vorüberziehen.

Ich erinnere mich noch gut an ein Café auf Key West, Südflorida: Auf der Straße viele glückliche Gesichter, offene Blicke, niemand schaute griesgrämig auf den Boden. Lachen in der Sprache, Musik in der Bewegung, komponiert von der spürbaren Leichtigkeit des Seins. Und jetzt versetzen Sie sich einmal gedanklich in eine deutsche Fußgängerzone. Was sehen wir da häufig: versteinerte Mienen, versteinerter Blick auf versteinerten Boden. Manchmal möchte man förmlich aufschreien und den Menschen zurufen: Lacht doch mal! Das Leben ist doch so einfach! Fangt an zu lächeln, und die Welt lächelt zurück! Seid nett zu anderen, dann sind die anderen auch nett zu euch.

Halt, denken da viele, so einfach kann man es sich doch nicht machen. Und gerade die Amerikaner mit ihrer Zahnpastafreundlichkeit! Woher soll man denn wissen, ob diese Freundlichkeit überhaupt echt ist? Natürlich weiß man das nicht immer. Aber davon, dass die deutsche Unfreundlichkeit ernst gemeint ist, kann man getrost ausgehen.

Selbstverständlich sind nicht alle Deutschen so. Wir sind kein Volk von Abschmeckern in der Essigfabrik. Aber wir alle wissen – wenn wir ehrlich sind –, dass der Anteil der Miesepeter und Miesepetras bei uns einfach höher ist.

Mir fällt das immer wieder besonders auf, wenn ich aus dem Ausland in eine deutsche Großstadt komme, und frage mich, warum es sich ein Großteil der Menschen so gern so schwer macht. Und das freiwillig!

Wenn wir wollen, dass sich etwas verändert, müssen wir selbst etwas verändern. Denn wenn wir weiterhin das tun, was wir bisher getan haben, werden wir weiter auch das bekommen, was wir bisher bekommen haben. Wenn wir auf das Glück warten, dann können wir lange warten. Oder glauben Sie, dass es sich lohnt, zu Hause zu sitzen, bis es plötzlich an der Türe klingelt: »Dingdong, ich bin da – dein Glück!«

Das Glück beginnt im Kopf! Und der ist rund, damit man beim Denken auch einmal die Richtung wechseln kann. Gedanken führen zu Zielen. Ziele bringen uns zum Handeln. Und dann kommt das Glück – ganz automatisch. Denn der Himmel hilft denen, die handeln wollen. Nicht den Bedenkenträgern, den Verhinderern, nicht den Menschen, die glauben, dass die Zukunft schlechter wird.

Und jetzt stellen wir uns einfach einmal vor, immer mehr Menschen beginnen sich zu ändern. Erst einer, dann zwei, erst hundert, dann zweihundert, erst tausend, dann zweitausend ... Irgendwann ist die kritische Größe erreicht, bei der selbst hartnäckige Pessimisten gar nicht mehr anders können, als sich anstecken zu lassen von der freundlichen, heiter gelassenen, motivierenden Aufbruchstimmung ihrer Mitmenschen.

Dann ist es vorbei, mit dem Glaubenssatz: Die Zukunft wird schlechter! Dann wissen wir: Die Zukunft wird besser!

Dieses Buch wird Sie auf dem Weg zu diesem Entschluss begleiten. Sie können dabei gar nicht scheitern, denn zufrieden und glücklich zu leben – auch das ist eine der neuen bahnbrechenden Erkenntnisse der Wissenschaft – kann jeder lernen.

Eigentlich geht es mir ja gut, aber ...

Vielen Menschen geht es rein äußerlich betrachtet gut. Aber trotzdem sind sie nicht so recht zufrieden, geschweige denn glücklich. Kürzlich, auf einem Trip nach Alicante, war ich verblüfft über die große Anzahl deutscher Rentner, die hier ihren Lebensabend verbringen. Man könnte annehmen, sie würden das schöne Leben und den warmen Winter in vollen Zügen genießen. Umso erstaunter war ich von der allgemeinen Unzufriedenheit, die dort im Paradies herrschte. Ehrlich gesagt habe ich noch nirgends so viele besoffene Deutsche mittags auf der Straße gesehen wie in Alicante.

Auch in unserem »17. Bundesland«, auf Mallorca, leben viele wohlhabende Deutsche. Oft sind es Frühpensionäre, die ihr Geld schon bis in die dritte Generation nach ihnen reichlich verdient haben. Sie leben in Saus und Braus auf ihrer eigenen Finca – und haben oft leider nur noch ein Ziel im Leben: nämlich vor 17 Uhr keinen Drink anzurühren. Merkwürdig, oder? Eigentlich müssten sie doch glücklich sein. Haben ein Leben, von dem viele andere nur träumen können – und ertragen dieses Glück scheinbar nur betrunken?

Aber es gibt sie natürlich auch hier: Menschen, die irgendwo zwischen Berufsausbildung, Heirat, Kindern und Eigenheim die Lebensfreude verloren haben. Von außen betrachtet scheint alles in Ordnung zu sein. Ja, mehr noch als in Ordnung. In allerbester Ordnung. Beruflich gingen Wünsche in Erfüllung. Der kleine Junge, der sich zum Geburtstag und zu Weihnachten immer nur Flugzeuge zum Zusammenbasteln wünschte, ist mittlerweile Flugkapitän einer angesehenen Fluggesellschaft; zu Hause erwartet ihn seine attraktive Frau, promovierte Germanistin, die voller Begeisterung den hübschen dreifachen Nachwuchs hütet. Das großzügig gestaltete Einfamilienhaus in bester Lage ist nahezu schuldenfrei. Neben dem bunten Strandkorb im Garten hechelt ein schwanzwedelnder Golden Retriever, der sich von den aufgeweckten, tobenden Kindern alles gefallen lässt. Ein fast schon kitschiges Bild, wie aus der Werbung entsprungen, das pure Glück. Bloß, dass der Mann sich nicht wirklich glücklich fühlt. Nicht mal zufrieden. Obwohl er doch alles besitzt, was er sich je gewünscht hat. Und jetzt?

Sein Kumpel, der bei einer Versicherung arbeitet, kennt dieses Gefühl auch. Und dessen Frau kennt es, und deren Schwester sagt, dass sie nicht mal weiß, was ihr fehlt. Sie alle fühlen sich nicht wirklich wohl in ihrem Leben. Obwohl alles passt. Und jetzt?

Egal, ob hier eine Managerin oder ein Schreinermeister spricht – dieses vage Gefühl der Unzufriedenheit findet sich in allen Schichten.

»Meiner Familie geht es so gut wie niemals zuvor«, sagte kürzlich eine Patientin zu mir. Ihr Mann leitet ein florierendes Unternehmen mit 2 000 Mitarbeitern, ihre Kinder sind wohl geraten, sie selbst engagiert sich in diversen Wohltätigkeitsvereinen. »Aber trotzdem geht es mir nicht gut.«

»Ich bin gesund, ich habe zum Leben mehr als ich brauche, es könnte alles so schön sein«, formulierte ein anderer Patient, »aber irgendwie kann ich das nicht würdigen, ja nicht einmal spüren.«

Die Volksseele leidet. Die Medien sind wie immer schnell, wenn es um eine Diagnose geht: Von der Volkskrankheit Depression ist überall zu lesen. Und dann wird akribisch aufgelistet, wie viel diese Volkskrankheit die Volkswirtschaft kostet.

Im Grunde genommen ist alles in Ordnung. Mehr oder weniger. Auf jeden Fall in Ordnung genug, um sich zufrieden zu fühlen oder vielleicht sogar glücklich. Aber irgendwie klappt es nicht.

Kaum sind die ersten großen Ziele erreicht, macht sich eine Leere breit. Ein junger Mann, der am neuen Markt über Nacht viele

Millionen gemacht hatte und rechtzeitig ausgestiegen war, verglich sein Glück sogar mit Unglück: Sein plötzlicher Reichtum, das Erreichen seiner Ziele sei so, »als ob plötzlich Vater und Mutter gestorben wären«.

»Im Leben gibt es zwei Tragödien.
Die eine ist die Nichterfüllung eines Herzenswunsches.
Die andere ist die Erfüllung.«

(George Bernard Shaw)

Warum sind manche glücklicher als andere? Gibt es ein geheimnisvolles Rezept, das nur diejenigen kennen, die sich glücklich fühlen? Wer hat ihnen dieses Rezept verraten? Die Oma? Ein Buch? Der liebe Gott? Oder kochen sie sich ein spezielles Glückssüppchen? Wir werden die Ingredienzen des Glücks finden!

Der rote Teppich für das Glück

»Die wahren Lebenskünstler sind bereits glücklich, wenn sie nicht unglücklich sind.«

(Jean Anouilh)

Wer auf die Frage »Wie geht es dir?« mit einem »Ich bin zufrieden« antwortet, wird meistens scheel angesehen. Zufrieden – was ist das schon. Zufrieden ist alltäglich. Zufrieden ist zwei Kinder, drei Zimmer, Küche-Diele-Bad. Zufrieden riecht nach Lebensstellung, Schrebergarten und selbst gebackenem Sonntagskuchen. Zufrieden ist irgendwie grau und spießig. Zufrieden ist fast schon eine Bankrotterklärung. Nur Langweiler sind zufrieden. Wirklich?

Dass Zufriedenheit nichts wert ist, wird uns täglich um die Ohren und Augen gehauen. Die Medien berichten von immer extremeren Abenteuern, Bungeejumping ist längst etwas für Hochbetagte, jetzt wird am besten vom Hubschrauber im einhändigen Handstand auf Rollschuhen aus Dynamit mit 380 km/h tiefseegetaucht – und nebenbei verspeist man in Lebertran getunkte Kakerlaken. Dann fühlt man sich glücklich. Je extremer, desto glücklicher. Leider hält dieses angebliche Glück nicht lange vor, dann braucht es ein neues Extrem. Kein Wunder, dass Dieter und Doris Durchschnitt nicht glücklich werden können, wenn sie im Schrebergarten Johannisbeeren ernten und seit zwanzig Jahren am selben Ort Urlaub machen?

Wer sagt das? Wer wagt es, über das Glück von Dieter und Doris Durchschnitt zu urteilen? Wenn jemand eine treffende Aussage über das Glück von Dieter und Doris Durchschnitt machen kann, dann sind das die beiden, und sonst niemand. Und wenn die beiden glücklich sind mit Johannisbeerkuchen im Schrebergarten, dann sind sie glücklich – und beneidenswert. Glück braucht keinen großen Anlass. Glück kann durch Nichtigkeiten entstehen. Viele kleine quietschsaure, knallrote Johannisbeeren sind ganz schön viel Glück auf einmal, oder? Mehr Glück sogar, als mancher Gaumen verträgt.

Glückliche Menschen zeichnen sich durch die Fähigkeit aus, Kleinigkeiten in große Gefühle zu verwandeln. Die Größe des Glücksgefühls und sein Anlass haben nichts miteinander zu tun. Der weise Wilhelm Busch schrieb dazu: »Glück entsteht oft durch Aufmerksamkeit in kleinen Dingen, Unglück oft durch Vernachlässigung kleiner Dinge.«

Das ist die erste Botschaft für Ihr persönliches Glück: Wer Zufriedenheit zum Glück erklärt, hat viel gewonnen. Zufriedenheit ist nicht zu wenig. Es gibt sehr viele Menschen, die glücklich wären, wenn sie zufrieden sein dürften. Zufriedenheit ist der rote Teppich für die schönsten Momente des Lebens. Menschen, die sich oft glücklich fühlen, sind meistens auch insgesamt zufriedener. Allerdings gibt es viele Menschen, die sich als zufrieden – aber eben nicht als glücklich bezeichnen.

Was assoziieren Sie mit Zufriedenheit? Und was mit Glück? Worin unterscheiden sich die beiden? Könnte es sein, dass Sie manchmal glücklich sind und es gar nicht merken? Weil Sie Ihr Glück Zufriedenheit nennen und glauben, Glück müsste etwas anderes sein, zum Beispiel das Zücken der goldenen Kreditkarte beim Ferrarihändler. Oder der Freudentanz Ihrer Lieblingsschauspielerin bei der Oscar-Verleihung.

»Glück ist ein Maßanzug. Unglücklich sind meist die, die den Maßanzug eines anderen tragen möchten.«

(Karl Böhm)

Häufig ist Zufriedenheit die Voraussetzung für glückliche Augenblicke. Dann schlägt das Glück Purzelbäume auf der blühenden Wiese der Zufriedenheit. Und das ist nicht langweilig. Wenn wir vielleicht ein bisschen weniger erwarten, und deshalb sehen können, wie viel Glück schon da ist. Unser eigenes Glück. Nicht das Glück Fremder.

Das ist die zweite Botschaft für Ihr persönliches Glück: Vergleichen Sie sich niemals mit anderen! Oft denken wir etwas in dieser Art: Mit diesem Menschen würde ich gerne tauschen. Er wohnt in einem Traumhaus, fährt ein Traumauto – und so traumhaft wird sein Bankkonto wohl auch aussehen. Vorsicht! Wollen Sie wirklich tauschen, bedingungslos und mit allem? Meist setzt überdurchschnittlicher finanzieller Wohlstand überdurchschnittlichen Einsatz voraus. Wollen Sie wirklich tauschen, wenn das bedeuten würde, täglich bis mindestens 20 Uhr zu arbeiten und nur jedes zweite oder dritte Wochenende wirklich frei zu haben? Oder ziehen Sie es da nicht doch vor, im Kreis Ihrer Lieben am Wochenende im Schrebergarten zufrieden Johannisbeertorte zu essen? Es kann gut sein, dass Sie mit der Johannisbeertorte glücklicher werden. Andere wiederum würden sich dabei langweilen. Sie sind glücklich, wenn sie so viel Arbeit haben, dass sie es sich gar nicht leisten können, geregelte Wochenenden einzuhalten. So viele verschiedene Menschen, so viele verschiedene Glücke.

Messen Sie Ihr Glück nie mit dem der anderen! Ich selbst tappe auch noch ab und zu in diese Falle hinein. Ich erinnere mich gut an einen Arzt in meiner Zeit als Arzt im Praktikum in der Klinik: gut aussehend, hoch gewachsen, durchtrainiert und grau beschläft – gerade so, als wäre er einem Arztroman entsprungen. Er war der Schwarm aller Krankenschwestern, und bei Feiern in der Klinik setzte er sich mal so eben ans Klavier und heizte allen mit fetzigem Boogie-Woogie kräftig ein. Da wurde so mancher neidisch und hätte vielleicht zu gerne mit ihm getauscht. Die Kehrseite der Medaille: Der Kollege war mindestens drei Monate im Jahr höchst depressiv; weg waren Charme und Charisma, vom Arztroman blieb nicht mal mehr der weiße Kittel, der schöne Doktor ward zum Aschenputtel. Anscheinend sind auch Schiller solche Phänomene begegnet: »Noch keinen sah ich glücklich enden, über den die Götter mit vollen Händen ihre Gaben streuen«, schrieb der große deutsche Dichter.

Wellenreiten

Wer permanent glücklich sein will, wird schnell herausfinden, dass das nicht möglich ist – außer er oder sie ist erleuchtet, so heißt es zumindest. Es ist naturgemäßer, die Wellenbewegung des Lebens anzunehmen, gerade wenn man erst einmal die Erfahrung gemacht hat, dass nach jedem Tal auch wieder ein Berg kommt. Diese Dynamik inspiriert, denn nur mit den Ups and Downs des Lebens können wir die glücklichen Momente so richtig wertschätzen.

Variatio delectat – Abwechslung erfreut, so lautet ein viel zitiertes lateinisches Sprichwort. Jeden Tag die Leibspeise essen, das hält niemand lange aus. Immer im Paradies zu leben macht unglücklich. Bekannt und berüchtigt ist der »Inselkoller« von Surf- oder Tauchlehrern, die länger als acht Monate auf einer paradiesischen Malediveninsel leben. Unwirsch und missgelaunt will das freundliche Lächeln irgendwann einfach nicht mehr gelingen, das dort doch eigentlich zur Grundausstattung gehören müsste.

Im Augenblick, da ich diese Zeilen schreibe, sitze ich in Dubai am Strand eines wunderschönen Hotels. In Dubai gibt es nur zwei Jahreszeiten: heiß und sehr heiß. Heute ist es sehr heiß. 42 Grad im Schatten bei einer Luftfeuchtigkeit von 98 Prozent. Haben Sie das schon einmal erlebt? Sie kommen aus dem Pool oder dem Meer, können sich abtrocknen ohne Ende und werden trotzdem nicht trocken. Sauna von Sonnenauf- bis Sonnenuntergang, nachts ein etwas gemäßigteres Dampfbad, Hammam unter Sternen. Die Meerestemperatur beträgt 36 Grad, der Pool ist nur mühsam auf 28 Grad heruntergekühlt. Bei uns beschlagen im Winter die Skibrillen, wenn wir in die Skihütte einkehren. Hier ist es genau umgekehrt. Sobald man einen klimatisierten Raum verlässt, tropft das Wasser von den beschlagenen Gläsern der Sonnenbrille. Können Sie sich vorstellen, wie der sehnlichste Wunsch der Bewohner dieses sonst sehr reichen Wüstenstaates lautet? Kälte! »Wann ist die beste Jahreszeit, nach München zu reisen, damit es dort so richtig klirrend kalt ist?«, wurde ich von einem Scheich gefragt.

Soeben wird hier in Dubai, mitten in die heiße Wüste, eine riesige Indoor-Skianlage gebaut, zwei Eisstadien existieren bereits, und auf mindestens einem Drittel der Werbeplakate sieht man keine Palmen und Sandstrände wie bei uns, sondern Eiszapfen, Kälteimpressionen und verschneite Winterlandschaften.

Es ist alles eine Frage des Standpunktes und der Gewöhnung. Darum sollten wir für Abwechslungen und Veränderungen dankbar sein und den Ups and Downs des Lebens offen gegenübertreten, wenn wir uns auf dem Weg zum Glück nicht selbst Steine in den Weg legen wollen. Jeden Tag Urlaub auf einer Südseeinsel macht uns nicht glücklich. Wir brauchen den ständigen Wandel, um die Glücksmomente in vollen Zügen genießen zu können.

Wenn wir es dabei noch wagen, die Downs als Chancen wahrzunehmen, springen wir aus dem Einheitsbrei, als den viele Menschen ihren Alltag bezeichnen, mitten hinein in das kunterbunte Leben voller überraschender Glücksmomente, die wir umso mehr genießen können, weil wir sie nur dann wirklich erkennen können. Weil wir wissen, dass es morgen schon wieder ganz anders sein kann. Weil wir wissen, dass es gestern anders war. Weil wir offen sind für das Leben. Und dann geschieht etwas scheinbar Paradoxes: Indem wir anerkennen, dass wir uns auf nichts im Leben verlassen können – nur eben darauf, dass wir uns auf nichts verlassen können –, wird unser Leben nicht etwa trostlos, unheimlich und beängstigend. Nein, es wird bunt, vertraut, warm und geborgen – rundum glücklicher.

Nutzen Sie Ihre Downs als Motor. Je stärker Sie Ihre Unzufriedenheit empfinden, umso mehr Zylinder hat dieser Motor. Umso mehr Abzug bringt er, wenn Sie neu durchstarten wollen. Den Berg hinauf. Auf den Gipfel. Das Leben ist eine Welle. Wenn wir uns von ihr tragen lassen, statt ständig gegen sie anzuschwimmen, wird sie uns zum Glück tragen.

Das Glück hat viele Gesichter

Der eine findet es beim Angeln, der nächste beim In-der-Hängematte-Schaukeln, ein anderer beim Motorradfahren und wieder ein anderer bei der Betrachtung seiner spielenden Kinder. Eine findet es im Atmen ihres Geliebten, ihre Freundin findet es beim Tanzen und der Vater der Freundin findet das Glück beim Vogelhäuschenbauen in der Garage.

Ich persönlich finde es in der Stille. Ich brauche nicht die Neunte von Beethoven und keine Rockröhre à la Tina Turner, um Glück zu empfinden. Wenn man mit vier Kindern unter einem Dach wohnt, ist Ruhe ein Fremdwort. Manchmal, wenn ich zu Hause Anrufe entgegennehme, werde ich gefragt, ob bei uns gerade ein Kindergeburtstag stattfinde. Nein, sage ich, dieser Geräuschpegel ist normal. Oft bringen die Kinder Freunde mit, wodurch sich der Pegel noch einmal steigert. Dann gehe ich nicht ans Telefon. Ich höre das Klingeln nämlich nicht.

So erklärt es sich leicht, dass ich in der Ruhe Kraft tanken und Glück finden kann. Zu meinen glücklichsten Momenten zählen die viel zu seltenen Bergwanderungen: morgens um vier Uhr aufstehen und im Dunkeln den Aufstieg beginnen, um dann in den ersten Sonnenstrahlen mit der Ruhe des Gipfels zu verschmelzen.

Doch jeder Mensch ist anders. Kürzlich erzählte mir ein befreundeter, frisch geschiedener Frauenarzt: »Wenn ich nach Hause komme, mache ich immer zuerst den Fernseher an. Auch wenn ich nicht hinschaue, ich fühle mich durch die Stimmen im Fernseher nicht so einsam und allein in meiner Wohnung.«

Um sich glücklich zu fühlen, brauchen Sie nicht reich zu sein. Auch nicht schön. Und nicht einmal erfolgreich. Aber wenn Sie das Glück in Ihr Leben einladen, dann sind Sie schön. Und erfolgreich. Und reich sowieso – auch wenn sich dieser Reichtum nicht in Gold aufwiegen lässt. Nicht in Edelmetall. In Lebensgold vielleicht, wenn es diese Währung gäbe. Und es gibt sie wohl auch.

Tipp:

Wo finden Sie das Glück?
Erstellen Sie eine Liste von Momenten und Orten, die Sie glücklich machen. Denken Sie auch an kleine alltägliche Freuden und Genüsse. Arrangieren Sie anhand dieser Liste täglich ein persönliches Rendezvous mit dem Glück.

Manchen Menschen steht sie sogar ins Gesicht geschrieben.

So bin ich immer wieder fasziniert von einer alten Bäuerin in Tirol. Ihr Gesicht ist von unzähligen Falten durchzogen. Jede Falte ist randvoll mit Glück. Und diese alte Bäuerin ist ein reicher Mensch, wenn auch nicht unbedingt nach unser geläufigen Definition von Reichtum. Sie hat acht Kinder zur Welt gebracht, wohnt in einem kleinen Häuschen, und wenn sie durch die Wiesen spaziert, laufen ihr ihre Ziegen hinterher. Auch Katzen und Hunde suchen ihre Gesellschaft. Als würden sie es spüren: Um diese Frau ist Glück. Es strahlt ihr aus jeder Pore.

Im Gegensatz dazu kenne ich viele sehr wohlhabende Menschen, die das, was sie haben, aber nicht automatisch zum Glück befähigt. Nur das, was Sie sind, lässt Sie Glück erleben.

Meine Lieblingstante, knapp an die 90 Jahre alt, lebt in einer herrlichen Villa in Istanbul, direkt am Bosporus. Sie ist so reich, dass ich mir manchmal wünsche, sie wäre meine Erbtante. Oft habe ich übrigens die Erfahrung gemacht: Je reicher die Menschen sind, desto seltener sind sie rundum glücklich. Doch meine Tante ist nicht nur materiell reich, sie ist auch geistig reich, beherrscht immer noch sechs Sprachen. Und vor allem hat sie sich das ganze Leben über die Fähigkeit bewahrt, sich an kleinen Dingen zu erfreuen: zum Beispiel an köstlichen, auf ihrer Dachterrasse selbst angebauten sonnengereiften Tomaten. Am ständig wechselnden Lichtspiel über dem Bosporus, besonders wenn am Abend die Hügel der gegenüberliegenden asiatischen Seite im bläulichen Licht versinken. Mit regem Interesse verfolgt sie das Leben ihrer Kinder und Enkelkinder, die auf der ganzen Welt verstreut leben. Sie schreibt täglich E-Mails, pflegt Freundschaften und Kontakte und zeigt sich immer auch an den Kleinigkeiten des Lebens interessiert.

»Die wahre Lebenskunst besteht darin,
im Alltäglichen das Wunderbare zu sehen.«

(Pearl S. Buck)

Ein Ereignis ist mir bei meinem letzten Besuch bei meiner Tante besonders in Erinnerung geblieben: Beim Frühstück auf der Terrasse erzählte sie mir, dass sie bei ihrem morgendlichen Spaziergang durch ihren Blumengarten ein frisch gewebtes Spinnennetz entdeckt habe. Begeistert schilderte sie mir, dass das Netz gestern noch nicht dort gewesen sei. Über Nacht also habe die kleine Spinne ihr Netz gewoben – ein regelmäßiges Netz, unbeschreiblich schön, auf dem Tautropfen geleuchtet haben, wie Diamanten mitten im Netz.

Geld und das Gold der Seele bedingen einander nicht. Obwohl wir insgeheim wissen, dass Reichtum kein Garant für Glück ist, lassen wir uns doch immer wieder dazu verführen, dieses Märchen zu glauben. Um glücklich zu leben, gilt es sogar als besserer Start, nicht mit dem goldenen Löffel im Mund geboren zu werden. Es gibt genug Leute, die mit goldenem Besteck aufwuchsen und beim Essen den Kopf aufstützen müssen: schon wieder Kaviar. Aber etwas anderes kommt nicht auf den Tisch. An den goldenen Löffeln klebt nun mal Kaviar.

Könnten wir nicht allein deshalb schon glücklich sein, weil wir leben? Weil wir atmen. Spüren. Lachen. Lieben. Das Streicheln einer sanften Brise auf unserer Haut fühlen. Fliegende Schwäne sehen. Das Essen so verlockend duftet und ein geliebter Mensch unseren Teller füllt …

Ja, wir könnten es. Aber wir sind es nicht. Warum eigentlich nicht? Und was spricht dagegen, es zu lernen? Eine Fremdsprache zu lernen ist schwieriger. Da muss man von vorne anfangen. Was das eigene Glück betrifft, haben wir schon so einiges auf der hohen Kante. Und selbst wenn wir den Zettel mit der Nummer des Glückskontos bei 60 Grad gewaschen haben, weil wir die Hosentaschen nicht ausgeleert haben. Wir tragen den Glückscode in uns, wir sind so programmiert. Menschen streben nach Glück. Glück wird um seiner selbst willen angestrebt, während jedes andere Ziel – Schönheit, Geld oder Macht – nur geschätzt wird, weil man erwartet, dass es glücklich machen wird.

Alle Menschen tragen das Glückslos in ihrer Hosentasche. Und wenn wir die Jeans zu heiß gewaschen haben, können wir uns trotzdem an das Glück erinnern. Die Nummer des Loses kann nicht verloren gehen.

»Das Glück kommt zu denen, die es erwarten.
Nur müssen sie die Tür auch offen halten.«

(Thomas Mann)

Umgeben Sie sich mit Glück

Halten Sie Ausschau nach Menschen, die Glück ausstrahlen. Wählen Sie sich solche Menschen zu Ihren Vorbildern. Orientieren Sie sich nicht ausschließlich nach unten, nach dem Motto: »Herrn Meier geht es noch viel schlechter als mir.« Freuen Sie sich, glückliche Menschen zu kennen. Indem Sie sich mit ihnen freuen, vermehren Sie Ihr eigenes Wohlbefinden.

Es ist schon einige Jahre her, als ich beim Deutschen Managementforum den Börsenguru André Kostolany kennen lernte. Wir waren beide als Redner engagiert. Der alte ehrwürdige Herr – auch berühmt geworden durch Aussprüche wie »Kauf dir eine Aktie und eine Schlaftablette« – verblüffte mich mit seiner Lebensfreude, Vitalität und seiner geistigen Wachheit.

Ich fragte mich im Stillen nach seinem Rezept, um mit über 90 so fit zu sein. Laut fragte ich Kostolany allerdings etwas anderes: »Was essen Sie eigentlich am liebsten?«

Kostolany wusste genau, was ich wirklich von ihm wissen wollte, und antwortete mir bereitwillig »Wenn man mein Alter erreicht hat, muss man jeden Tag so leben, als wäre es der Letzte.« Insofern ist jeder Tag unendlich wertvoll. Ich genieße jede Sekunde. Außerdem habe ich nie geraucht, immer gut und gerne gegessen, vor allem viel Eiweiß als Gehirnnahrung, das Schöne am Leben gesehen und mich immer mit vielen jungen Menschen umgeben. Pure Lebensfreude sehen Sie am häufigsten bei jungen Menschen. Im Alter reden die Menschen mehr über Krankheiten, sie glauben öfter an das Risiko als an die Chance, häufiger an das Schlechte als an das Gute. Mit einem schelmischen Lächeln brachte er es auf den Punkt: »Bis fünfzig dreht sich alles um den Sex – und ab fünfzig dreht sich alles um Stuhlgang.«

Ich starrte Kostolany an. Er gefiel mir immer besser.

»Was erzählen ältere Menschen sich, wenn sie beisammen sitzen?«, fuhr er fort. »Sie reden über Krankheiten. Stundenlang. Es gibt kein anderes Thema mehr. Jeder kann etwas dazu beisteuern. Und wenn er selbst das Pech hat, gesund zu sein, dann kennt er garantiert jemanden, der eine so seltene Krankheit hat, dass die Ärzte zuerst nicht wussten, was er hatte. Dann kommen die Meinungen der Spezialisten. Das Trauerspiel nimmt kein Ende.« Kostolany schmunzelte »Ich habe solche Gespräche immer gemieden. Ich finde, es gibt interessantere Themen als Krankheiten.«

Wenn wir ein Thema in den Mittelpunkt unseres Interesses stellen, dann verstärken wir es. Wem wir Beachtung schenken, der wird größer. Ob das ein Mensch ist oder eine Krankheit, etwas Positives oder etwas Negatives.

Kostolany wollte sich nicht anstecken lassen von der Krankheit, die so viele seiner Altersgenossen in sich tragen, weil sie permanent von Krankheiten sprechen.

Alter muss nicht dem Thema Krankheit gewidmet sein! Wir kreieren die Themen unseres Lebens selbst. Der Behindertenausweis in der Tasche kommt irgendwann im Kopf an. Und auch, wenn man spät damit anfängt, sein Leben zu ändern: Es lohnt sich immer. Ich kenne viele Menschen, die noch im hohen Alter begonnen haben, ihre innere Einstellung zu ändern. Gerade ältere Menschen haben die besten Voraussetzungen, weil man im Alter oft Lebensweisheiten erlangt, die gütig und glücksfähig machen. Das ist das Schöne am Alter. Besonders wenn man nicht mehr im täglichen Berufsalltag steckt, ergeben sich wunderbare Gelegenheiten, die Früchte des Lebens zu ernten. Zum Glücklichsein ist es nie zu spät!

Alles ist relativ

Suchen Sie die Gesellschaft von älteren Menschen, die richtig gut drauf sind, und lassen Sie sich von ihnen erzählen, wie das früher so war, als es keinen vollen Öltank im Keller gab und der Strom nicht aus der Steckdose kam, ja noch nicht mal die Waschmaschine erfunden war.

Lassen Sie sich den Geschmack der ersten Likörpraline nach dem Krieg schildern, und stellen Sie sich vor, wie Ihr eigenes Leben aussehen würde – ohne Zentralheizung, ohne Strom, Waschmaschine und Likörpralinen.

Und dann versuchen Sie, diese Kunst des Relativierens in Ihr Leben zu integrieren. In welchen Situationen sind Sie unzufrieden oder reagieren mit einer spürbaren Stimmungseintrübung? Wovon lassen Sie sich entmutigen? Was schwächt Ihre Lebensfreude? Versuchen Sie, einen Ausweg aus diesen Sackgassen zu finden. Funken Sie sich einen Hubschrauber herbei und fliegen Sie in eine bessere Gegend. Der fliegende Teppich tut es auch. Oder Sie fliegen gleich selbst. Hauptsache, Sie kommen raus aus dem Trudeln im Trübsinn. Ziehen Sie Vergleiche, die Ihnen nützen. Relativieren Sie Ihr eigenes Schicksal anhand der Lebensgeschichten anderer Menschen. Es gibt so unendlich viele Menschen – Sie werden bestimmt jemanden finden, an dem Sie sich orientieren können. Und vielleicht machen Sie dann die verblüffende Entdeckung, dass Menschen, die in ihrem Leben sehr viel und hart gearbeitet haben und denen das Schicksal nicht alles mit Goldschleifen verziert in den Schoß gelegt hat, glücklicher sind als die oft so beneideten Müßiggänger.

Schon mal an einem Samstag Zahnweh bekommen? Das ganze Wochenende versaut? Hin und her überlegt: Notdienst oder warten bis Montag? Nichts mehr mitbekommen vom Geburtstag der Nichte, dabei ist sie doch die Lieblingsnichte. Immer nur der Zahn. Eine Katastrophe – oder?

Es gibt eine Steigerung: Zahnweh im Kongo, am Amazonas oder am Südpol. Wird der Schmerz hier zu Hause da nicht gleich weniger? Und ist es nicht eine wahre Freude – fast schon ein großes Glück – die Chipkarte der Krankenkasse am Empfang in der Arztpraxis abzugeben und zu wissen, dieses Zauberkärtchen ist die Eintrittskarte zur Schmerzlinderung? Im Kongo, am Amazonas oder am Südpol würde der Zauber des Kärtchens nicht wirken.

»Wer Zahnweh hat, hält jeden, dessen Zähne gesund sind, für glücklich. Der an Armut Leidende begeht denselben Irrtum den Reichen gegenüber.«

(George Bernard Shaw)

Immer wieder gern zitiert: die Deutschen und ihr Gartenzaunverhalten. Am Maschendrahtzaun hört die Menschlichkeit auf, da ist Schluss mit lustig! Was da nicht alles gestritten und prozessiert wird. Wie viele Nachbarn sich unglücklich machen und in der Folge sogar erkranken, nur weil ein Ast der Sonne entgegen auf ihr Grundstück wächst, ein Schuppen drei Millimeter in ihr Grundstück ragt oder der Wind die Blätter von Nachbars Birnbaum auf das Dach ihrer Garage weht. Ein Wäscheständer als Dorn im Auge beim Blick aus dem Fenster kann zur Feindschaft bis ins siebte Glied gereichen. Schnell ist es vorbei mit dem beschaulichen Leben in den eigenen vier Wänden. Vielleicht haben Sie ja einen angeheirateten Onkel oder eine verschwägerte Bekannte, die Ihnen schon einmal ihr bitteres Leid mit der bösen Nachbarschaft geklagt haben und gar nicht mehr damit aufhören konnten. Nichts anderes mehr gesehen haben. Hier fehlt eindeutig die Fähigkeit zum Relativieren. Gibt es denn tatsächlich keine andere Sicht auf die Dinge? Doch, es gibt eine andere Sicht, denn jede Medaille hat zwei Seiten, und die Medaille, bei der beide Seiten gleich aussehen, gehört zu den Falschmünzen. Es existiert immer eine Art der Betrachtung, die glücklich und frei macht, anstatt bitter und krank. Schön, wenn einem andere Menschen dabei helfen, die eigene, manchmal festgefahrene Einstellung zu erweitern. Das klappt am besten mit Lachen. Wer über sich selbst lachen kann, lebt gesünder.

Tipp:

Halb so schlimm!
Was liegt Ihnen gerade auf der Seele? Was drückt Ihre Stimmung? Malen Sie sich aus, was noch Schlimmeres hätte passieren können – und seien Sie froh darüber, dass es nicht passiert ist!

Entspannungspause

Wunderbar! Loslassen und entspannen sind wichtige Voraussetzungen für Glück. Wenn wir uns körperlich anspannen mit verhärteten Muskeln, hoch gezogenen Schultern, aufeinander gepressten Zähnen und verkrampften Händen – hat es das Glück schwer, uns zu erreichen.

Manche Menschen merken erst im Nachhinein, dass sie angespannt waren. Der Muskelkater am nächsten Tag zeigt, dass sie es mit dem Daumendrücken beim Tennismatch des Sohnes wohl etwas übertrieben haben. Viele Menschen stehen im Alltag unter Spannung. Diese Spannung verschwindet auch nicht von allein, wenn man es sich abends auf der Couch bequem macht. Man muss sich bewusst lockern. Und siehe da – die Schultern fallen einen halben Meter tiefer. Und in fünf Minuten geben sie noch mal ein Stück nach. Überprüfen Sie immer wieder, ob Sie wirklich entspannt sind. Sie werden staunen, wie viel es nachzubessern gibt und wie gut das tut!

Tipp:

Machen Sie sich locker.
Wie sitzen Sie? Bequem? Bekommen Sie genug Luft in dieser Position? Sind Ihre Schultern entspannt? Fühlt sich Ihr Brustraum weit und offen an? Sie haben schon nachgebessert?

Denken Sie nicht nur abends auf dem Sofa an Ihre Schultern oder andere leicht verkrampfende Stellen. Machen Sie es sich zur Gewohnheit, im Laufe des Tages immer wieder einmal zu überprüfen, ob Sie es dem Glück leichter machen können, in Ihrem Körper Einzug zu halten, und beugen Sie damit auch chronischen Schmerzen und Haltungsschäden vor.

Die vier Säulen des gesunden Immunsystems

Rund 30 000 Krankheiten sind heute bekannt. Dem gegenüber steht aber nur eine einzige Gesundheit. Diese Gesundheit kann auch als intaktes Immunsystem bezeichnet werden. Ein Mensch, dessen Immunsystem vorbildlich arbeitet, wird nicht krank. Eindringende Krankheitserreger können den starken Schutzschild eines bestens gerüsteten Immunsystems in der Regel nicht überwinden. Ein starkes Immunsystem ist eine herzliche Einladung für Gesundheit und Glück. Wer unter Schmerzen leidet, hat es schwerer, sich glücklich zu fühlen, weil er erst einmal lernen muss, dem Schmerz nicht zu viel Aufmerksamkeit zu widmen, den Schmerz nicht zum Regisseur des Lebens werden zu lassen.

Das Immunsystem spielt die Schlüsselrolle bei allen Krankheiten, ob es sich um eine Feldwaldwiesenerkältung oder Krebserkrankungen, um Allergien oder Asthma handelt. Entweder ist das Immunsystem geschwächt, kann Angreifer nicht abwehren, oder es ist unter- bzw. überfordert und richtet seine Energie gegen sich selbst, wie wir es von den Autoimmunerkrankungen kennen.

Jeder Mensch besteht aus ca. 70 Billionen Körperzellen. Können Sie sich diese Zahl vorstellen? Wohl kaum, aber Sie beherbergen sie. 70 Billionen Körperzellen. Zirka 30 000 davon erneuern sich täglich, was kein Kinderspiel ist, sondern ein hoch komplexer Prozess. Und nun dürfen Sie staunen und auch gerne in Ehrfurcht versinken: Bei 30 000 Erneuerungen täglich passieren nur vier Fehler. Viermal pro Tag gibt es eine Zellentartung, die – wenn sie nicht vom Immunsystem abgeschmettert würde – zu einer Krebserkrankung führen könnte. Viermal am Tag bei 30 000 Gelegenheiten – ist das nicht gigantisch?! Und das leistet unser Körper einfach so. Wir kriegen nichts davon mit, dass täglich etwa 1 800 Liter Blut in unseren Nieren gewaschen werden. Wir merken nicht, dass unser Herz im Ruhezustand täglich 7 200 Liter Blut pumpt. Diese Menge kann bei starker Belastung sogar um das sechsfache gesteigert werden. Wunder Körper!

Ein gesundes Immunsystem hat keine Schwierigkeiten damit, die vier täglichen Entartungen mit links abzuschmettern. Sie werden sofort ausfindig gemacht und eliminiert, meistens von den so genannten Makrophagen, einer Truppe der Gesundheitspolizei, buchstäblich aufgefressen. In einem einzigen Kubikmilliliter gesundem Blut tummeln sich im Übrigen 5 000 bis 10 000 Gesundheitspolizisten, auch bekannt unter den Namen »Leukozyten« (weiße Blutkörperchen) und »Lymphozyten«. Es ist leicht vorstellbar, was geschieht, wenn diese Polizei einmal streikt, unaufmerksam, alkoholisiert und demotiviert ist oder gar den Dienst quittiert. Aber die weißen Blutkörperchen, die Lymphozyten und die Makrophagen sind nur einzelne Komponenten in der überaus komplexen Abwehr unseres Immunsystems.

Das Immunsystem ist die erste und wichtigste Stelle, die darüber entscheidet, ob wir gesund – und in der Folge auch glücklich – leben, oder ob wir einen Teil unserer Lebensenergie für Krankheiten aufwenden müssen.

In unserer hypersauberen Welt langweilt sich das Immunsystem jedoch schnell. Gerade die Immunabwehr von Kindern braucht aber Herausforderungen, an denen sie wachsen kann. Der Zusammenhang zwischen Allergien und einer nahezu sterilen Umwelt ist heute den meisten Menschen bekannt. Es ist nachgewiesen, dass das Immunsystem von Kindern, die in Neubauten mit dichten Fenstern und ohne Haustiere unter hygienisch einwandfreien Bedingungen aufwachsen, nicht so stabil ist wie das

Immunsystem von Kindern, bei denen es zu Hause zieht und die den Spruch der Oma »Dreck reinigt den Magen« beherzigen, zum Beispiel mit frisch aus der Erde gezogenen Möhren, die vor dem Verzehr nicht gewaschen, sondern nur abgeschüttelt werden.

Sobald kleine Kinder den passiven Schutz der Mutter verlieren, den sie automatisch haben, solange sie gestillt werden, müssen sie selbst Antikörper aufbauen. Die Natur hat vorgesorgt und Kinder mit dem Reflex ausgestattet, alles, aber auch wirklich alles, in den Mund zu stecken. So kurbeln sie ihr Immunsystem an. Erwachsene tun das nicht mehr. Da kann man bloß hoffen, dass sie als Kind ihr Immunsystem genug trainiert haben. Sie können Versäumtes aber immer noch nachholen. Schon mal einen Schluck aus einem See oder einer Pfütze probiert? Natürlich nicht am Straßenrand! Sondern in einer intakten Umgebung. Also auch kein Wasser aus dem Baggersee neben dem Chemiewerk genießen, sondern dort baden gehen und mal einen Schluck nehmen, wo noch »natürliche Keime« vorkommen.

Die vier Säulen des Immunsystems

1. Impfungen
2. Ernährung: genügend Eiweiß im Körper
3. Bewegung: genügend Frischluft durch aerobes Training
4. Psychoneuroimmunologie: Beeinflussung des Immunsystems durch positive Gedanken über die Neuronen, also die Nervenbahnen

Impfungen gegen Krankheiten und Epidemien sind heutzutage vielerorts verpönt. Die Meinungen gehen weit auseinander und werden teils sehr polemisch vertreten. Ich bin kein Freund übertriebener Impfungen, doch manche halte ich für wichtig. Zu oft habe ich Patienten erleben müssen, die unter wirklich schlimmen Krankheiten litten, die mit der richtigen Prophylaxe, sprich mit Impfungen, niemals ausgebrochen wären.

Die Feinde des Immunsystems

»Nicht alles, was glücklich macht, ist gesund;
aber alles, was unglücklich macht, ist ungesund.«

(Gerd Uhlenbruck)

In meiner Praxis habe ich immer wieder erlebt, dass Menschen, die schon alles Mögliche versucht haben, um abzunehmen, sich das Rauchen abzugewöhnen, gelassener zu werden oder Stress abzubauen, ein Aha-Erlebnis hatten, wenn ich ihnen die Wechselwirkung von Stress, Risikofaktoren, diversen Erkrankungen und allgemeiner Unzufriedenheit verdeutlicht habe. Ich möchte es deshalb nicht versäumen, auch hier über das spannende Zusammenspiel aufzuklären. Denn das Verständnis für die körpereigenen Vorgänge ist der erste Schritt zur Veränderung hin zu einem gesünderen und positiveren Leben.

Es gibt nicht nur das glücklich machende körpereigene »Kokain« (Endorphine), sondern leider auch die berüchtigten natürlichen »Stressstoffe«, wie zum Beispiel *Cortisol.* Cortisol ist den meisten Menschen als Cortison bekannt. Cortisol ist die körpereigene Variante; Cortison, oft in Salbenform verabreicht, die medizinische, also künstliche Variante. Cortison wird von außen zugeführt, Cortisol produziert der Körper selbst. Es ist ein »kataboles« Hormon, wirkt also abbauend. Im Gegensatz dazu gibt es »anabole« Substanzen, die aufbauend wirken. Der Begriff ist den meisten Menschen in Zusammenhang mit Bodybuilding bekannt, wo Anabolika – also aufbauende Stoffe – Muskeln wachsen lassen sollen.

Die künstliche Substanz Cortison wird zum Beispiel verwendet, wenn nach einer Nierentransplantation verhindert werden soll, dass der Körper die neue Niere abstößt. Cortison unterdrückt die Immunabwehr. Es macht die Gesundheitspolizei schläfrig, lenkt sie ab oder knockt sie aus – je nach Dosis. Das ist natürlich nicht ganz ungefährlich – doch nach einer Transplantation steht die Sorge um die Verträglichkeit des neuen Organs im Vordergrund, nicht ein vielleicht schwächerer Schutzschild. Außerdem kann man heutzutage sehr gut dosieren. Viele Patienten leben völlig problemlos mit ihrem neuen Organ. Es gibt nur einen einzigen Fall, wo Menschen nach einer Organspende keine abwehrhemmenden Medikamente brauchen: Wenn das gespendete Organ von ihrem eineiigen Zwilling stammt.

Wir sehen also, dass Cortison, obwohl es in der Medizin für viele Menschen ein Segen ist, auch negative Wirkungen beinhaltet.

Durch *Stress* produziert der Körper sehr viel Cortisol. Die Folgen sind dieselben wie bei der Einnahme von Cortison: Die Bildung von aufbauenden Hormonen wird unterdrückt, die Vernetzung der Hirnzellen lässt nach, der Körper schwemmt auf zur so genannten Stammfettsucht, wobei in voller Ausprägung der Torso, Hals und Kopf Fett speichern und die Extremitäten durch den Muskelabbau schlaff und dünn werden. Auch die Zuckerkrankheit tritt unter dem Einfluss von Cortisol viel schneller auf.

Heutzutage ist den meisten Menschen bewusst, dass Stress und allgemeine Niedergeschlagenheit der Gesundheit nicht förderlich sind. Stress ist ein erheblicher Risikofaktor für Herzinfarkt und Schlaganfall. Natürlich gibt es viele Auslöser für Stress: Arbeitsverdichtung, Angst, zum Beispiel vor dem Verlust des Arbeitsplatzes oder des Lebenspartners, Unglück, Mobbing, der Tod eines geliebten Menschen, Jobwechsel, Umzug etc.

Den meisten Menschen ist es zudem bewusst, dass man bei Stress empfindlicher reagiert. Die Nerven liegen sozusagen »blank«, und man fängt sich auch leichter eine Erkältung ein. Stress schwächt.

Je höher der Cortisolwert – als Folge von Stress – ansteigt, desto niedriger werden die gesunden und positiven Werte. Man kann nämlich nicht gleichzeitig Gas geben und bremsen. Katabol und anabol zur selben Zeit ist ausgeschlossen.

Positive Gefühle vertreiben Stress. Oft lassen sie ihn nicht einmal aufkommen, doch das will geübt sein. Es ist mittlerweile sogar erwiesen, dass positive Gefühle das Immunsystem anregen, so wie negative Gefühle es schwächen. Doch wir müssen uns erst mit dem Gedanken vertraut machen, wie viel Einfluss wir auf die Sonnenseite unseres Lebens haben. Und dann können wir beginnen, diesen Einfluss zu genießen. Zum Glück wissen wir mittlerweile, dass unser Gehirn lernfähig ist. Dass wir wirksame Gegenmittel gegen die krankmachenden Folgen von Stress jederzeit anwenden können. Dass wir selbst eine Offensive für unsere Gesundheit starten können.

Je älter die Menschen werden, desto mehr sterben an Krankheiten, deren Entstehung durch Stress gefördert wird. Herzinfarkt und Schlaganfall sind ganz typische Stressfolgen und die Todesursache Nummer eins in den Industrienationen. Natürlich ist eine gesunde Portion Stress auch gesund. Denn wie schon Paracelsus wusste: »Die Dosis macht das Gift.« Von Zootieren weiß man beispielsweise, dass sie ganz ohne Stress verkümmern und zugrunde gehen. Deshalb gilt es, die richtige Dosis von Anspannung und Entspannung der Tiere zu finden. Dann werden Zootiere sehr viel älter als die Artgenossen in der freien Wildbahn.

Viele Studien belegen zweifelsfrei, dass zwischen der Lebenserwartung und einer positiven Lebenshaltung ohne übermäßigen Stress ein Zusammenhang besteht. Die Art und Weise, wie wir leben, hat sogar mehr Einfluss darauf, wie alt wir werden, als unser Erbgut, die Umwelt und die medizinische Versorgung gemeinsam

»auf die Waage« bringen. Da müsste es doch ein Leichtes sein, den Stress auf Diät zu setzen.

Der Hauptfaktor für Herzinfarkt und Schlaganfall ist zu *hohes Cholesterin.* Und das entsteht wiederum durch zu wenig Bewegung und eine falsche Ernährung. Cholesterin allein jedoch macht das Übel noch nicht fett. Die Menge macht's, die frei im Blut herumschwimmt und nur darauf wartet, sich an die Wände der Blutgefäße anzuschmiegen und zu verkrusten. Das Fett-Speichervolumen in den Gefäßen ist gigantisch. Es lagert sich dort kiloweise ab. Heimtückischerweise sind die Fettablagerungen in den Gefäßen von außen nicht sichtbar und von innen lange nicht spürbar. Darum werden sie oft erst zu spät bemerkt, was dem Cholesterin den Beinamen »silent killer« eingebracht hat. Der Blutstrom wird eingeengt, immer weniger Blut und Sauerstoff werden transportiert. Was Körper und Geist an Sauerstoff benötigen, wird nicht mehr angeboten. Der Betroffene wird zu kurzatmig für das Glück.

In den gefäßchirurgischen Abteilungen deutscher Krankenhäuser werden die Folgen einer falschen Lebensweise sichtbar. Allein am Nürnberger Klinikum werden 1200 Halsschlagadern und 800 Bauchschlagadern jährlich von Fett befreit, um den Durchfluss wieder einigermaßen zu garantieren. Traurige Bilanz des Europäischen Kardiologenkongresses 2004: Die Häufigkeit und die Gefährlichkeit der Herz-Kreislauf-Krankheiten übertreffen die der Pest des Mittelalters. Heute sterben mehr Menschen an Herzinfarkt und Schlaganfall als im Mittelalter an der Pest.

Vor hundert, zweihundert Jahren hatten die Menschen andere Sorgen, als sich um die Couchgewohnheiten ihres Cholesterins zu kümmern, das sich – wie wir gesehen haben – gerne breit macht. Die Menschen waren dauernd in Bewegung: auf dem Feld, in der Waschküche, im Stall, in den ersten Fabriken, und außerdem ging man zu Fuß oder fuhr Fahrrad. Das »schlechte« Cholesterin hatte gar keine Chance, sich fett und faul auszubreiten, es wurde sofort verbrannt. Kaum im Blut, schon wieder aufgebraucht. Heute sitzt der Mensch den Großteil seines Lebens. Und wenn er nicht sitzt, dann liegt er. Da legt sich das Cholesterin doch gleich dazu, unsichtbar und heimtückisch. Im Gegensatz zum sichtbaren Fett, mit dem immer mehr Menschen in Form von Hüftspeck wuchern.

Tipp:

Bringen Sie mehr Bewegung in Ihren Alltag
Nehmen Sie ab sofort die Treppe statt den Aufzug, erledigen Sie kleine Besorgungen zu Fuß oder mit dem Fahrrad, oder gehen Sie doch mal wieder tanzen!

Cholesterin allein ginge ja vielleicht noch. Aber es ist nur *ein* Risikofaktor. Und die Faktoren addieren sich nicht, sie potenzieren sich. Immer kommt Stress hinzu – und dann kann es ganz schnell ganz ernst werden.

Aber es gibt auch eine gute Nachricht: Wir können etwas dagegen tun! Unsere Gesundheit und unser Glück liegen in unserer Hand. Wir sollten die Kraft haben, die Dinge, die wir nicht ändern können, hinzunehmen, und den Mut haben, die Dinge, die wir ändern können, zu verändern.

Und so werden wir uns im Folgenden um die Dinge kümmern, auf die wir Einfluss nehmen können: unsere Ernährung, unsere Beweglichkeit und unsere mentale Hygiene.

Teil 2

Glück essen

Super Size Me

Der Amerikaner Morgan Spurlock ernährte sich einen Monat lang ausschließlich von Fastfood und dokumentierte dies in seinem preisgekrönten Film »Super Size Me«. Spurlock nahm in diesen vier Wochen 11 Kilo zu. Sein Cholesterinwert stieg um 65 Punkte, und seine Leber verfettete so stark, dass ein Ärzteteam, das ihn betreute, nach drei Wochen dringend riet, das Experiment vorzeitig abzubrechen. Seelisch sah es kaum anders aus: Morgan Spurlock litt an Depressionen, und sein Sexleben fand praktisch nicht mehr statt. Fazit des Selbstversuchs: Essen kann unglücklich machen.

Haben Sie Lust auf einen Selbstversuch mit gegenteiligem Effekt? Essen Sie sich gesund und glücklich!

Der Mensch ist, was er isst

Ernährung ist in unseren Breiten die einfachste Sache der Welt, könnte man meinen, wenn man durch einen Supermarkt schlendert. Es gibt nichts, was es nicht gibt, und das gibt es in mindestens drei Variationen von vier Firmen in fünf Packungsgrößen auf sechs Preisniveaus. Diese Unterschiede verschwinden meistens, wenn man auf die ureigene Qualität der Nahrungsmittel achtet: Häufig sind sie mit Pflanzenschutzmitteln gespritzt (bzw. der Grundstoff, aus dem sie bestehen), sie sind sehr lange gelagert, gepökelt, eingefroren, konserviert, pasteurisiert. Dank möglichst vieler Geschmacksverstärker schmecken wir die Folter nicht, die unserer Nahrung angetan wurde. Wir schmecken nicht, dass vieles von dem, was wir zu uns nehmen, mehr tot als lebendig ist.

Die moderne Nahrung ist arm an Vitalstoffen. Arm an solchen Stoffen, die uns die körperlichen Voraussetzungen zum Glücklichsein liefern. Auf immer weniger Agrarflächen werden immer mehr Nahrungsmittel produziert. Die Vegetationszeiten werden kürzer, die Pflanzen wachsen schneller, die Nahrung wird magerer, dünner, leerer. Schon eine einzige Pflanze entzieht dem Boden über 10 000 verschiedene Substanzen. Kunstdünger gibt dem Boden aber nur etwa zehn Substanzen zurück, und zwar hauptsächlich solche, die die Pflanzen schneller wachsen lassen. Paradebeispiel ist die holländische Tomate – bekannt als die geniale Methode, Wasser schnittfest zu machen. Aber auch Bananen, früher ein hervorragender Vitamin- und Mineralstofflieferant, haben in den letzten Jahren 90 Prozent ihrer Vitalstoffe eingebüßt. Wir schmecken nicht, ob die Nahrung »tot« oder »lebendig« ist. Enthält sie überhaupt noch das, was wir für ein gesundes Leben brauchen? Enthält sie Glücksstoffe? Oder ist die Nahrung, die wir uns täglich zuführen, nur noch ein Häufchen Elend, dafür aber schön verpackt, bunt und glänzend im Super-Hightech-Mega-Fit- und Health-Design?

Die Verlagerung der Wertigkeit von innen nach außen ist mit vielen unserer Nahrungsmittel geschehen. Qualität schrumpft, Design, Marketing, Image und Produktversprechen schießen ins Kraut. Das, was so manche Nahrungsmittel auszeichnete – nämlich besonders viele Vitamine, Mineralstoffe und Spurenelemente, hat sich verflüchtigt, beziehungsweise wir haben es in die Flucht geschlagen. Warum das so ist und ob das weiterhin so bleiben muss, ist durchaus ein Nachdenken wert – und vielleicht steht am Ende eines solchen Prozesses eine Veränderung Ihrer Einkaufsgewohnheiten.

An dieser Stelle nur so viel: Alle Konsumenten zusammen sind eine geballte Kraft. Was wäre, wenn die Wassertomaten plötzlich in den Kartons liegen blieben? Sie würden nicht faulen, nein, das tun sie bekanntlich nicht. Aber höchstwahrscheinlich würde man sich dort, wo die Tomaten wachsen, Gedanken darüber machen, wie man die Käufer zurückgewinnen könnte, und vielleicht würde man sogar auf die verrückte Idee kommen, es mit Tomaten »à la damals« zu versuchen. Damals, als Tomaten noch wie Tomaten schmeckten. Damals, als sich einem beim Biss in einen Granny-Smith-Apfel das Zahnfleisch fast von den Zähnen löste. Welch herrlich saures Vergnügen! Damals, als jeder Apfel verschieden groß und anders rund war. Damals, als Karotten noch so schmeckten, wie ihr Name klingt: kernig, süßlich und wunderbar erdig.

Gehören Sie zu den Glücklichen, die Ihr eigenes Obst oder Gemüse im Garten ziehen? Dann wissen Sie, wovon ich spreche.

Die gepriesene gesunde Mischkost reicht längst nicht mehr aus, um uns gesund zu ernähren, das beweisen Tausende von Messungen an durchaus gesundheitsbewussten Probanden mit dem erschreckenden Resultat: leere Mineralstoffspeicher, Vitaminmangel, niedrige Spiegel lebenswichtiger Aminosäuren. Was lebendig ist, macht uns lebendig. Was tot ist, macht uns zwar satt, aber zudem müde. Viele Kalorien, die wir heute essen, transportieren keinen Inhalt mehr.

Es ist unmöglich, bei leeren Speichern aus dem Vollen zu schöpfen. Glück aber schöpft gern aus dem Vollen. Und deshalb ist es auch so einfach: Füllen Sie Ihre Speicher auf, und Sie bieten dem Glück – und natürlich Ihrer Gesundheit – die allerbesten Voraussetzungen.

Der zuvor erwähnte, für Aufsehen sorgende Film von Morgan Spurlock hat eindringlich gezeigt, welche Folgen falsche Ernährung haben kann: Antriebsarmut, mangelnde Dynamik, chronische Müdigkeit heißen die Mangelerscheinungen auf der psychischen Ebene. Kein Wunder: Der Mensch ist, was er isst. Und wenn er Sparflamme bekommt, dann läuft er auf Sparflamme.

Glück ist auch eine Folge unserer Ernährung. Auf den nächsten Seiten möchte ich Ihnen deshalb Appetit machen auf die Glückshäppchen in unserer Nahrung. Essen Sie sich kreativ hellwach und topfit. Und das voller Genuss!

Lebendiges Essen

Gesunde Ernährung ist heute zu einer hohen Kunst geworden und lässt sich nicht mehr auf die Bedürfnisse des Hungerreizes reduzieren. Früher konnte man sich darauf verlassen, dass in der Nahrung aus dem Boden auch das Beste enthalten war. Heute muss man die gute und nährstoffreiche Nahrung fast erjagen, wenn auch nicht mit Pfeil und Bogen, so doch mit Ideenreichtum und gegebenenfalls einem Extraetat dafür. Oder mit der eigenen Hände Arbeit, indem man selbst gärtnert.

Ja, der Bioladen ist teurer als der Lebensmitteldiscounter. Aber wenn Sie es irgendwie einrichten können, beziehen Sie Ihre frischen Lebensmittel trotzdem aus dem Bioladen oder lassen Sie sich eine Gemüsekiste liefern. Dieser Service wird mittlerweile fast überall angeboten und ist eine gute Investition in Ihr Glück. Ein- oder zweimal in der Woche, so wie Sie wünschen, bekommen Sie eine Gemüse-/Obstkiste mit Produkten aus Ihrer Nähe geliefert. Garantiert bio, garantiert heimisch und jedes Mal wieder eine Überraschung: Was ist drin und was mache ich damit? Da bringt Kochen Spaß! Ganz nebenbei fördern Sie damit auch Ihren Glücksstoffwechsel, denn allein schon das Zubereiten der Nahrung und die Vorfreude auf das Essen schütten Glückshormone, Endorphine, aus. Sollten Sie im Kreis von lieben Menschen essen, in deren Gesichtern zu lesen steht, wie gut es ihnen schmeckt, bekommen Sie gleich noch einen Nachschlag Glück!

Viele Menschen hegen eine hartnäckige Skepsis gegenüber Bioläden. Vielleicht liegt das an den Witzen über »die Müslis« in den Schlabberhosen und Jesuslatschen, die früher dort eingekauft haben. Die Zeiten haben sich geändert. Heute finden Sie in Bioläden einen repräsentativen Querschnitt der Bevölkerung vom Aufsichtsratsvorsitzenden bis zum Krankenpfleger, von der Schuhverkäuferin bis zum werdenden Vater. Die einen kaufen nur Obst und Gemüse, andere schwören auf das körnige Brot, wieder andere lieben Biojoghurt und manche kaufen nur noch bio. Wer es sich leisten kann – wunderbar! Wer es sich nicht leisten kann, kauft das, was eben geht. Am besten Obst und Gemüse.

Tipp:

Natürlich genießen
Eine Übersicht der Bio-Läden in Ihrer Nähe finden Sie in den Gelben Seiten oder im Internet. Einfach bei www.google.de das Stichwort »Bio-Läden« und Ihren Wohnort eingeben und die Suche starten.

Manche haben ganz klein angefangen mit dem Brot aus dem Bioladen und haben sich dann irgendwann eine Getreidemühle angeschafft, um ihr Müsli morgens frisch zuzubereiten. Ein paar Früchte, eine bunte Körnermischung, Quark oder Joghurt – und fertig ist die Grundlage für einen frohen Tag.

Natürlich geht es schneller, zwei Scheiben Brot zu toasten, mit Butter zu bestreichen, Marmelade oder Honig drauf und basta. Aber Müsli zubereiten macht Spaß! Besonders, wenn Sie es in dem Bewusstsein tun, sich etwas außerordentlich Gutes zu gönnen.

Gesunde Ernährung soll keine Last sein, sondern Genuss und Freude steigern. Wir wissen doch, wie glücklich es machen kann, lustvoll und im Kreise einer ausgewählten Runde bei erlesenen Leckerbissen zusammenzusitzen. Wir lieben lange Tafeln voller kulinarischer Köstlichkeiten mit Freunden und Familie. Oder ein Picknick am See. Oder Grillen am Samstagabend. Essen macht froh. Und das richtige Essen macht glücklich. Schließlich verwöhnen Sie damit einen lieben Menschen: sich selbst.

Fett lähmt

Ein großer Konzern hatte mich für ein Seminar gebucht. Vierzig Topmanager wollten sich von meinen Anregungen inspirieren lassen. Der Vormittag verging wie im Flug. Die Manager waren geistig wach und rege, und die Energie im Raum war deutlich spürbar. Dann kam die Mittagspause. Als ich nach der Pause den Konferenzsaal wieder betrat, glaubte ich zuerst, mich in der Tür geirrt zu haben. Eine müde Wolke waberte durch die zuvor noch so dynamischen Reihen. Ich hatte mich nicht in der Tür geirrt. Meine Zuhörer hatten sich geirrt – in der Wahl ihres Mittagsmenüs. Der Großteil ihres Blutes war in den Bauch gesackt, dort wurde es für die Verdauung gebraucht. Im Hirn war nicht mehr viel. Es half nichts, dass ich den Seminarteilnehmern erklärte, wie man sein Gehirn durch das falsche Essen wortwörtlich ausknocken kann. Es war bereits geschehen, und alles, was die meisten wollten, war in Ruhe gelassen werden. Am liebsten bei einem Schläfchen …

Wenn sie das jeden Tag so machen, dachte ich, haben sie alle nur einen Halbtagsjob. Genauso gut könnten sie nach der Mittagspause nach Hause gehen. Ich dachte lieber nicht weiter darüber nach, welche Auswirkungen das auf die deutsche Wirtschaft haben würde, und unterstellte einfach, dieser Seminartag sei eine Ausnahmeerscheinung, denn schließlich wird in vielen Kantinen fast ausschließlich für Kopfarbeiter gekocht – und die sollen denken und nicht verdauen.

Fettreiche Mahlzeiten erfordern lange Verdauungsvorgänge. Fett lähmt, auch den Strom der Gedanken. Wenn man fettarmes Essen zu sich nimmt, ist man nach vier Stunden wieder »nüchtern« und auch unmittelbar nach dem Essen fit. Fett verzögert die

Verdauung und bindet viel mehr Blut im Darm für die Verdauungsprozesse. Schweres Essen und geistige Frische schließen sich aus. Ein voller Bauch studiert nicht gern. Ein voller Bauch ist auch nicht in der Lage, glücklich abzuheben, das verhindert schon die Schwerkraft. Nach dem Sonntagsbraten landen die meisten auf der Couch und nicht in einer angeregten Diskussion oder der Leichtigkeit des Glücks. Spazieren gehen wäre jetzt das Beste, aber wer kann sich dazu schon aufraffen – nach einem solch lähmenden Mahl, das obendrein meistens so lange gekocht ist, dass auch den letzten Resten von vorhandenen Vitalstoffen der »Gar«aus gemacht wurde.

Man kann auch auf Sterneniveau ohne Fett kochen. Mit Fett kochen kann jeder – Fett ist Geschmacksträger –, ohne Fett kochen ist hohe Kunst. Und wertvolle Bausteine wie Aminosäuren (Eiweißbausteine) kommen dadurch verstärkt ins Blut, gehen schnell ins Gehirn, werden schnell umgesetzt und machen uns fit und wach, damit wir die Glücksmomente des Lebens nicht verschlafen.

Etwas Warmes braucht der Mensch?

Eine warme Mahlzeit pro Tag ist gesund – diese Meinung ist weit verbreitet. Leider ist die warme Mahlzeit meistens eine totgekochte Mahlzeit.

Mindestens vier Millionen Jahre dauert die Geschichte der Menschheit. Die Geschichte des Kochtopfs hat dagegen erst vor 6 000 Jahren begonnen. Und bis heute hat sich der menschliche Organismus noch nicht an die Folgen des Kochtopfs gewöhnt. Ja, gekochtes Essen schmeckt gut. Außerdem ist Kochen ein ganz wesentlicher Bestandteil unserer Kultur. Aber gesund ist es deswegen noch lange nicht, wie schon das nicht gerade vital klingende Wort »Verdauungsleukozytose« ahnen lässt:

Wenn man zum Beispiel beim Zwiebelschneiden mit dem Messer abrutscht (nicht deswegen ist Kochen ungesund) und sich in den Finger schneidet, rasen weiße Blutkörperchen zu der verletzten Stelle, um die Keime, die automatisch in die Wunde gelangen, zu bekämpfen. Handelt es sich um viele Keime, weil das Messer vorher aus Versehen in die Odelgrube gefallen war, entsteht durch die im Kampf abgestorbenen Leukozyten Eiter. Etwas Ähnliches passiert, wenn wir Gekochtes essen: Ganze Heerscharen weißer Blutkörperchen rasen in den Darm beziehungsweise zur Darmwand. Diesen Anstieg nennt man Verdauungsleukozytose. Die weißen Blutkörperchen betrachten das gekochte Essen als feindliches Heer. Es ist schließlich körperfremd, und da wird nicht lange gefackelt, sondern das Programm für eindringende Keime abgespult. Eine solche Schlacht ist mühsam und anstrengend. Wo gehobelt wird, fallen Späne. Viele weiße Blutkörperchen sterben in dieser Schlacht. Zum Glück haben wir so unzählig viele, die sich zudem noch dauernd erneuern. Aber die abgestorbenen weißen Blutkörperchen machen müde, was vor allem an dem Enzym Interleukin 4 liegt. Das wird ausgesandt, wenn weiße Blutkörperchen in die ewigen Jagdgründe eingehen. Interleukin 4 macht sehr müde. Und das ist auch sinnvoll. Denn wenn der Körper nicht nur eine warme Mahlzeit zu verkraften hat, sondern beispielsweise gegen eine Lungenentzündung kämpft (sehr viele Keime, sehr viele tote weiße Blutkörperchen), soll er nicht gleichzeitig Mammuts jagen, sondern schön brav in seiner Höhle bleiben und sich auskurieren.

Wer schon mal eine Grippe hatte, erinnert sich sicher an das Gefühl völliger Kraftlosigkeit. Wir jagen heute nicht mehr hinter Mammuts her, doch unsere körperlichen Reaktionen sind deswegen nicht modernisiert. Sie sind dieselben wie vor Millionen Jahren, als der Kochtopf noch nicht erfunden war. Insofern handelt man sich mit jeder lang gekochten Mahlzeit eine abgemilderte Form der Verdauungsleukozytose ein und verpasst ein Stück hellwaches Leben. Wach sein und präsent sein sind Voraussetzungen für das große und das kleine Glück.

»Trägheit macht traurig.«

(Thomas von Aquin)

Tipp:

Fit-Food für die Mittagspause

Greifen Sie mittags zu frischer Rohkost, knackigen Salaten mit leichtem Joghurt-Dressing, fettarmem Quark und Joghurt, oder zu Vollkornbrot mit Käse und Gurken.

Das Glück im Haferschleim

Ein Essen wird nicht besser, wenn man immer mehr davon zu sich nimmt. Eine natürliche »Bremse« ist es, die Mahlzeiten wirklich zu genießen. Wenn Sie mit allen Sinnen essen, werden Sie automatisch langsamer essen, und deshalb weniger. Es ist herrlich, in wie vielen Geschmacksrichtungen wir schwelgen können. Wie viele verschiedene Konsistenzen wir genießen können. Sahnig und kalt und warm und knusprig, würzig und fruchtig und und und. Rufen Sie sich immer wieder ins Bewusstsein, wie schön es ist zu essen. Denken Sie an einen Menschen, der wegen einer Erkrankung lange nichts essen durfte und künstlich ernährt wurde. Obwohl solche Patienten natürlich alles bekommen, was ihr Körper braucht, sind Magensondierung und Infusionen nur ein deprimierender Ersatz für richtiges Essen. Wetten, dass der erste Löffel Haferschleim nach langer Abstinenz in den siebten Himmel führt? Oft können wir das Einfache erst würdigen, wenn wir eine Weile darauf verzichten müssen, wenn es nicht mehr selbstverständlich ist.

Eine gute Bekannte erzählte mir beispielsweise von einer ganz speziellen Tasse Kaffee. Eine Tasse Kaffee ist ja eigentlich nichts Besonderes, doch diese war das pure Glück, und das kam so:

Wegen einer homöopathischen Behandlung sollte die Bekannte, einige Wochen keinen Kaffee trinken, da sich die Wirkung des homöopathischen Mittels durch den Genuss von Kaffee verflüchtigen könnte. Am ersten Tag ohne Kaffee war sie übel gelaunt. Am zweiten müde und ein wenig stolz. Und dann immer stolzer: Es ging auch ohne Kaffee! Es ging sogar richtig gut. Trotzdem freute sie sich auf den Tag in vier Wochen, an dem sie endlich wieder

Kaffee trinken würde. Immer größer wurde der Tag. Bald war er in ihrer Vorfreude eine einzige röstfrische Kaffeebohne. Ihr Opa fiel ihr ein. Ihr Opa und sein blöder Spruch vom ersten Bohnenkaffee nach dem Krieg. So blöd war der Spruch gar nicht mehr. Der erste Bohnenkaffee nach dem Krieg nahm Gestalt an. Und dann war es so weit: die erste Tasse Kaffee nach vierwöchiger Abstinenz. Die gute Bekannte holte nicht nur die Espressomaschine aus dem Keller, wozu sie den ganzen Keller aufräumte. Sie kaufte auch frische Milch zum Aufschäumen im Bioladen, und Kuchen sowieso. Dann setzte sie sich mit ihrer ersten Tasse Bohnenkaffe nach dem Krieg mitten im Winter auf die Terrasse – ein unvergesslich glücklicher Moment reinen Genusses.

Schokolade macht glücklich?

Schlechte Stimmung? Bitte einen Schokoriegel. Oder gleich zwei. Vor der Besprechung hastig ein Fitmacher? Bitte eine Tafel Schokolade zum Cappuccino. Oder einen Donut. Ein Stück Kuchen. Ein kleines Eis. Egal was, Hauptsache, etwas Süßes.

Direkt danach geht es besser. Da kann man endlich wieder vernünftig denken. Bloß wie lange?

Schokolade gehört zu den kurzkettigen Kohlenhydraten. Kurzkettige Kohlenhydrate sind durchaus schnelle Energielieferanten, aber langfristig dämpfen sie das Energiepotenzial auf fatale Weise. Das heißt, irgendwann hilft der Trick mit dem Schokoriegel vor der Besprechung nicht mehr. Irgendwann wird man nicht mal mehr zu der Besprechung eingeladen – weil die persönliche Kreativität begraben liegt unter einem Zuckerberg.

Angenommen, eine Tafel Schokolade wird ihrer endgültigen Bestimmung zugeführt, was passiert? Zuerst steigt der Blutzuckerspiegel an. Und zwar steil und schnell. Das spüren wir. Manchmal ist dieser Effekt sogar nützlich, wenn beispielsweise die Oma der Enkelin vor dem Sportwettkampf ein Päckchen Traubenzucker in die Hand drückt: »Der geht gleich ins Blut«. Wenn der Blutzuckerspiegel ansteigt, reagiert die Bauchspeicheldrüse mit einer Insulinausschüttung. Insulin ist das Hormon, das den Blutzucker reguliert. Ohne Insulin könnten Menschen nicht leben, und wenn die Insulinproduktion nicht richtig funktioniert, ist ein Mensch zuckerkrank. Ein hoher Blutzuckerspiegel führt dauerhaft zu Nierenversagen und Erblindung. Aber auch für gesunde

Menschen gilt: Beim Blutzuckerspiegel sollten gewisse Höhen, Tiefen und Schwankungen vermieden werden.

Nun könnte man meinen, dass der Körper die Schokoladenseiten des Lebens doch wunderbar im Griff hätte. Kommt Schokolade an, wird eben Insulin ausgeschüttet und die Schokolade sozusagen neutralisiert. Aber so einfach ist das leider nicht. Wenn wir immer und immer wieder im Übermaß Insulin ausschütten, weil wir zu viel zu süß essen, werden als Nebeneffekt die aufbauenden Hormone, besonders das Wachstumshormon HGH, heruntergefahren. Hormone, die wir für unser Glück aber dringend brauchen. Wir meinen also, wir gönnen uns ein Stück süßes Glück, wenn wir uns eine Praline in den Mund stecken, doch in Wirklichkeit nehmen wir uns dabei an einer anderen Stelle die Voraussetzungen für das Glück weg. Im Einzelnen funktioniert das so:

Zucker ist nichts anderes als Kohlenhydrate. Kohlenhydrate sind für den Organismus der Energielieferant Nummer eins. In Form von Zucker und Stärke sind sie in Lebensmitteln enthalten. Man kennt das von Sportlern, die manchmal in Interviews erzählen, was und wie viel sie vor wichtigen Wettkämpfen essen: ein Pfund Pasta oder Müsli zum Beispiel. Chemisch gesehen stellen Kohlenhydrate organische Verbindungen dar, die von Pflanzen gebildet werden. Wie der Name schon sagt, bestehen sie aus Kohlenstoff und Wasser. Für den Aufbau der Zucker- und Stärkemoleküle benötigen die Pflanzen eine intensive Energiequelle: die Sonne. Kein Wunder also, dass in diesem Ernährungsbaustein so viel Kraft steckt!

Wir nehmen also Kohlenhydrate auf und verarbeiten sie zu Zucker. Entscheidend ist nun: zu welchem Zucker, denn Zucker ist nicht gleich Zucker.

Ein kurzes Vergnügen

Kohlenhydrate bestehen aus zusammengesetzten Ketten von einzelnen Einfachzucker-Molekülen (Glukose). Sie unterscheiden sich durch die Anzahl dieser Grundbausteine. Deshalb spricht man von langkettigen und kurzkettigen Kohlenhydraten. Alles, was schnell süß schmeckt, gehört zu den kurzkettigen Kohlenhydraten. Kurze Kette, kurze Wirkung. Schnell ist dieser Zucker im Blut, schnell wird mit viel Insulin gegengesteuert, schnell ist der Zucker wieder weg – und eigentlich bräuchte man schon wieder einen Schokoriegel. Kurzkettige Kohlenhydrate bestehen aus jeweils nur einem oder zwei Glukosemolekülen, deshalb tragen sie die Bezeichnung »Einfach-« oder »Zweifachzucker«. Traubenzucker ist ein Einfachzucker und damit im Aufbau identisch mit Glukose, dem Blutzucker. Er muss vom Organismus nicht weiter zerlegt werden und geht direkt ins Blut, wie die Oma weiß, die ihrer sportlichen Enkelin den Traubenzucker in die Hand drückt.

Kurzkettige Kohlenhydrate finden sich in Fruchtsäften und sehr reifem, süßem Obst wie zum Beispiel Weintrauben und überreifen Bananen sowie in allen Nahrungsmitteln, die Fabrikzucker enthalten, also in Süßigkeiten, Gebäck oder Limonade. Der übliche weiße Haushaltszucker hat, ebenso wie Milchzucker und Honig, zwei Glukosemoleküle. Er gehört somit zu den Zweifachzuckern.

Vielleicht haben Sie es selbst schon einmal festgestellt, dass Süßes oftmals Heißhunger auf Süßes provoziert. Das kommt daher, weil der Blutzuckerspiegel durch die Insulinausschüttung meistens zu tief abgesenkt wird, das heißt, es ist weniger Zucker im Blut als vor dem ersten Naschen.

Zu wenig Zucker im Blut ist für den Organismus ein Alarmzeichen, und er fordert sofort und vehement neuen Zucker an. Besonders das Hirn wird ohne Zucker nervös – er ist der Brennstoff für unsere grauen Zellen. Wir fühlen uns dann antriebslos und müde, können uns nicht mehr konzentrieren, und bei manchen Menschen gerät sogar der Gleichgewichtssinn durcheinander. Andere sind schlicht »grantig«. Jede körperliche und geistige Aktivität strengt an.

Höchste Zeit für den nächsten Schokoriegel? Vorsicht: Ein solches Auf und Ab führt zu einem Sägezahnmuster im Blutzuckertagesprofil und ist auf keinen Fall gesund und empfehlenswert. Die Blutzuckerkurve sollte leicht auf- und absteigen. Keine extremen Ausschläge bitte. Denn das würde zu einem »Ausleiern« der Bauchspeicheldrüse führen, wenn nicht sogar zu Diabetes. Die Rezeptoren an den Zellen, wo das Insulin andockt, um die Zuckeraufnahme zu beschleunigen, werden irgendwann unempfindlich für Insulin. Wenn Rezeptoren nicht mehr reagieren, wird der Blutzucker nicht mehr aus dem Blut geholt, der Blutzuckerspiegel bleibt erhöht – trauriger Alltag von zuckerkranken Patienten, die schon nüchtern einen hohen Blutzuckerspiegel haben. Die Folgen: Gefäße, Augen und Nieren werden geschädigt und das Leben manchmal erschreckend verkürzt. Dramatisch ist, dass in unserer Wohlstandsgesellschaft jeder vierte über 50 als zuckerkrank gilt. So etwas gab es früher nicht. Auch Altersdiabetes bei Schulkindern ist heute keine Seltenheit mehr. Natürlich gibt es Medikamente für Zuckerkranke, doch es sollte nicht unser Lebensziel sein, mit Medikamenten irgendwie durchzukommen. Besser mit einer Lebensumstellung Me-

Tipp:

Naschen erlaubt!

Für leidenschaftliche Süßschnäbel gibt es gesunde Alternativen zu Schokolade & Co.:

- Studentenfutter
- Dörrobst: getrocknete Aprikosen, getrocknete Birnen, getrocknete Apfelscheiben (Apfelchips)
- Gemüsesticks
- Gummibärchen und Weingummi

Meiden sollte man immer die Kombination Zucker plus Fett, denn diese Mischung geht netto auf die Hüften (z. B. Schokolade, Pralinen, Kuchen, Candy-bars, etc.)

dikamente überflüssig machen, was im Übrigen möglich ist. Es gibt viele Menschen, die ihren Diabetes Typ 2 durch eine radikale Ernährungsumstellung in den Griff bekommen haben.

Noch besser frühzeitig vorsorgen. Das Leben schon jetzt so planen, dass es lang und glücklich sein kann. Also: lange Ketten essen. Zu viele kurzkettige Kohlenhydrate vertragen sich nicht mit einem langen Leben, an dem die Glücksmomente wie Perlen auf einer Schnur aufgereiht durch uns strömen. Wir alle kennen die Folgen von zu süßer und fetter Ernährung. Die überschüssige Energie wird in Form von Fettdepots angelegt. Gewichtsprobleme sind oft der Anfang ernsthafter Erkrankungen, ob physischer oder psychischer Art.

Es ist nicht unmöglich, mit Übergewicht glücklich zu sein, ganz und gar nicht. Aber es fliegt sich leichter, wenn man keine überflüssigen Pfunde und die dazugehörigen überflüssigen Gedanken der Selbstabwertung mit sich herumschleppt. Vor allem, wenn man bedenkt, dass falsches Essen und Übergewicht zu Trägheit führen. Trägheit wiederum harmoniert überhaupt nicht mit Glück, ganz im Gegenteil: Es fördert eine Haltung des allgemeinen Egalgefühls – zu faul fürs Glück. Dem Glück öffnet sich die Tür nicht von alleine, bloß weil jemand zu träge ist, vom Sofa aufzustehen. Das Glück erwartet schon, dass man ihm ein kleines Stück entgegenkommt. Eine gute Kondition dafür erwirbt man sich mit langkettigen Kohlenhydraten. Deshalb lebt es sich langfristig gesehen mit Müsli und Konsorten fröhlicher, kreativer, fitter und gesünder.

Fit für den Glücksmarathon

Die Aufnahme von langkettigen Kohlenhydraten wie Müsli oder Vollkornbrot führt dazu, dass der Zucker im Magen nur langsam resorbiert wird. Die Gegenregulation durch Insulin ist angemessen, und es gibt keinen explosionsartigen Anstieg. Langkettige Kohlenhydrate setzen sich aus bis zu 100 000 Zuckerbausteinen zusammen und sind sehr komplex aufgebaut. Sie werden als »Mehrfach-« oder »Vielfachzucker« bezeichnet und bilden die verschiedenen Stärkearten. Sie finden sich vor allem in Getreide und Getreideprodukten, also in Reis, Brot, Nudeln und Müsliflocken, aber auch in Kartoffeln, Hülsenfrüchten, Gemüse und Obst.

Stärke schmeckt zunächst nicht süß, obwohl sie aus Zuckermolekülen besteht. Durch die Verdauung wird Stärke allerdings wieder in Einfachzuckermoleküle zerlegt. Längeres Kauen lässt Brot deshalb mit der Zeit süß schmecken. Schon mal probiert? Bei diesem Selbstversuch wird klar, worin der Vorteil der langkettigen Kohlenhydrate liegt: Sie werden nur langsam abgebaut und liefern deshalb ihre Energie über einen langen Zeitraum. So schaffen sie die Basis für körperliche und geistige Leistung. Denn viele unserer Zellen brauchen ständig Glukose als Energiequelle, um arbeiten zu können. Vor allem das Gehirn ist abhängig von einer guten Glukoseversorgung.

Wer ein vitales Leben führen möchte, braucht Energiedepots. Sie stellen sicher, dass unsere Zellen jederzeit ausreichend Glukose zur Verfügung haben. Wunderbarerweise ist unser Organismus in der Lage, Kohlenhydrate in den Muskeln und in der Leber zu speichern. Diese Energiespeicher müssen gefüllt sein, wenn wir nicht nur kurze Höhenflüge mit anschließenden Abstürzen erleben, sondern die Leichtigkeit des Seins lange genießen möchten.

Kohlenhydrate sollten einen großen Anteil unserer Nahrung ausmachen, also mindestens 50 Prozent (Voraussetzung: viel Bewegung), noch besser – vor allem für Ausdauersportler und Menschen mit hohen Ansprüchen an ihre Leistungskraft – sind 60 bis 65 Prozent. Gezielt und intelligent kohlenhydratreich essen heißt bewusst auswählen. Langkettige Kohlenhydrate gehören täglich in großen Mengen auf den Tisch, kurzkettige dagegen sollten weitgehend vom Speiseplan gestrichen werden. Menschen, die vorwiegend mit dem Kopf arbeiten, sollten allerdings nicht zu viele Kohlenhydrate zu sich nehmen, da die nicht verbrauchten Kohlenhydrate in Fett umgewandelt werden. Für Kopfarbeiter sind 30 Prozent konzentrierter Kohlenhydrate, wie sie in Brot, Nudeln, Reis und Kartoffeln enthalten sind, ausreichend. Sollten Sie vor allem nicht konzentrierte Kohlenhydrate, wie sie in Obst und Gemüse enthalten sind, zu sich nehmen, bleibt es bei den 50 Prozent, die Sie sich täglich gönnen können.

Das Glück aus dem Kornfeld

Hauptlieferant für wertvolle, langkettige Kohlenhydrate ist und bleibt Getreide. Seit Beginn der Menschheitsgeschichte gilt es als das wichtigste Nahrungsmittel. Aus einst wild wachsenden, einfachen Gräsern wurden im Lauf der Jahrtausende auf der ganzen Welt verschiedene Getreidesorten gezüchtet. Das ganze Korn wurde gemahlen, um daraus Getreidebrei, Fladen, Brot und Gebäck zuzubereiten. Erst in neuerer Zeit wurde das ganze Korn verdrängt: Weißmehlprodukte und polierter Reis erobern den Markt. Durch das Entfernen der Schalen und des Keimlings erlangt das so gewonnene weiße Haushaltsmehl zwar fast unbegrenzte Haltbarkeit, doch gleichzeitig verringert sich der Gehalt an Vitaminen und Mineralstoffen teilweise um bis zu 100 Prozent.

Vollwertiges, also ungeschältes Getreide hat eine besonders ausgewogene Nährstoffzusammensetzung. Der Kohlenhydrateanteil schwankt zwischen 59 (Weizen) und 75 (Reis) Prozent. Eiweiße, Fette, Vitamine, Mineralien und Spurenelemente sowie Ballaststoffe sind vor allem im Keimling und in den Randschichten des Korns in idealer Konzentration vorhanden. Ein weiterer Pluspunkt von Vollkornbrot, Müsli und Vollkornnudeln: Vollwertiges Getreide sättigt hervorragend. Da bekommt man kurz nach dem Essen nicht schon wieder Hunger, sondern ist lange gut genährt satt, ohne unangenehme Begleiterscheinungen, wie man es von Fastfood kennt.

Tipp:

Lieblingsmüsli

Der optimale Start in einen glücklichen Tag ist ein frisch zubereitetes Müsli:

Eine Tasse Körnermischung aus dem Reformhaus (z. B. Sechskorn) frisch für die Mahlzeit in einer Körnermühle grob mahlen, mit Joghurt und eventuell etwas Obstsaft anrühren, frisches Obst der Saison dazugeben – fertig ist der beste Start in den Tag.

Übrigens: Wer Zähne hat wie Sterne (nachts kommen Sie raus!), der sollte die Körner schon abends mahlen und über Nacht im Kühlschrank in Joghurt ziehen lassen.

Eine süße Entziehungskur

Lust auf nähere Bekanntschaft mit langkettigen Kohlenhydraten? Sie werden staunen, wie wohl Sie sich fühlen, wenn Sie auf die kurzkettigen Kohlenhydrate verzichten. Ja, es kann ein paar Tage dauern. Sie können sogar regelrechten Heißhunger auf Süßes bekommen, denn Ihr Körper ist die Droge Süßigkeiten gewöhnt und fordert zuerst einmal heftig seine normale Dosis. Deshalb kann es schon einiges an Willen kosten, nicht schwach zu werden. Doch keine Angst, die Umstellung dauert nicht allzu lange. Sie verzichten auch nicht auf die süßen Seiten des Lebens, ganz im Gegenteil, Sie lernen sie erst so richtig kennen. Ihr Körper wird sich umstellen, und dann werden Sie staunen, wie viel sich durch diese »Kleinigkeit« verändert: Sie werden morgens wacher sein. Sich insgesamt fitter fühlen. Die typischen »Tiefs« im Tagesverlauf werden sich erst gar nicht einstellen. Ihre Laune wird nach oben schnellen. Sie werden sich rundum leistungsfähiger und vitaler fühlen. Und das ist nicht nur ein subjektives Empfinden, es ist Tatsache. Ihre Speicher sind voll guten, sonnengereiften Getreides. Der nächste Winter kann kommen! Bloß, er wird nicht mehr grau, trist und nasskalt sein, denn die Sonne haben Sie jetzt im Abo gebucht.

Eiweiß ist Leben

»Mehr Eiweiß essen? Um Himmels willen! Da steigt doch das Cholesterin!« Diesem Missverständnis begegne ich oft. Eiweiß wird mit Cholesterin gleichgesetzt und tierisches mit pflanzlichem Eiweiß sowieso. Dieses Missverständnis erinnert mich immer wieder an das berühmte Komma, das den Spinat so eisenreich machte. Heutzutage weiß jedes Kind – und könnte somit auch gegen häufigen Spinatgenuss argumentieren –, dass nur ein falsch gesetztes Komma den Spinat auf Platz 1 der Eisenfavoriten bugsiert hat. Ein Tippfehler, unter dem Generationen von Kindern litten, denen das giftgrüne Zeug zwangsverordnet wurde, einen für Omi, einen für Opi. Da half nicht mal Popeye.

Seit Jahren hören wir täglich, der Eiweißanteil in unserer Nahrung sei zu hoch. Das Gegenteil ist der Fall. Bei über 100 000 blutchemischen Untersuchungen hatte keiner der Patienten einen zu hohen Eiweißspiegel! Verantwortlich für diesen Irrtum ist, ähnlich wie beim Eisen, ein Übersetzungsfehler. Richtig war die seinerzeitige Annahme, dass Proteine Menschen noch leistungsfähiger machen. Es folgte ein Boom an Eiweißnahrung. Der Fehler war, dass Eiweiß immer mit Fleisch verwechselt wurde. Sportler erhielten beispielsweise täglich Riesenportionen Fleisch. Schon nach kurzer Zeit litten viele an Gefäßverkalkung, Harnsteinen und Gicht. Das gleiche Phänomen fand sich auch bei »unsportlichen« Menschen, die sehr viel Fleisch aßen. Metzger zum Beispiel. Nun hieß es: Zu viel Protein ist schädlich. Das stimmt natürlich auch nicht. Die richtige Formel lautet: Zu viel Fleisch ist schädlich. Und das trifft es auch noch nicht genau, denn nicht das Eiweiß im Fleisch ist schädlich, sondern das Cholesterin, die Triglyzeride und die Harnsäure. Entsprechend sieht das Blutbild vieler Menschen aus: zu wenig Eiweiß, aber jede Menge Cholesterin.

Meiner Auffassung nach beginnt das Leben ab 7,7 Milligramm Eiweiß pro Deziliter Blut. Diese Menge ist eine gute Ausgangsbasis dafür, dass die Glücksfässer sich füllen können. Wer zu wenig Eiweiß im Blut hat, bei dem ist die Wahrscheinlichkeit hoch, dass die essenziellen Aminosäuren, auch die drei überaus wichtigen für die Funktion des Gehirns – Tryptophan, Phenylalanin, Isoleucin –, nicht ausreichend vorhanden sind. Das ist eine belastende Hypothek für die Lebensfreude. Zudem ist der Eiweißspiegel auch ein Hinweis auf die Verfassung des Immunsystems. Wenig Eiweiß = wenig Abwehrkräfte.

Eiweiß ist ein kostbarer Baustein des Lebens. Pflanzen, Tiere und Menschen bestehen zu einem großen Teil aus Eiweißen. Sie liefern die Grundlage für die Entstehung und Erhaltung von Leben. Proteine, so der wissenschaftliche Begriff, sind verantwortlich für den Aufbau und die Funktion unserer Körperzellen. Sie steuern Wachstum, Erneuerung und Abwehrkräfte, verhelfen uns zu körperlicher und geistiger Energie und fördern psychische Stabilität und Wohlbefinden. Tausende von verschiedenen Proteinen sind in unserem Körper ständig im Einsatz. Die Qualität ihrer »Arbeit« hängt jedoch von der Qualität des Eiweißspiegels im Blut ab. Mit der Entscheidung darüber, was wir zu uns nehmen, können wir ihn maßgeblich beeinflussen.

Proteine übernehmen vielfältige Aufgaben. Deshalb sind sie unterschiedlich aufgebaut. So wie wir die Buchstaben des Alphabets zu vielen verschiedenen Silben oder Wörtern aneinander reihen können, bildet unser Körper aus wenigen Bausteinen die Vielzahl der benötigten Eiweiße. Diese einzelnen Eiweißbausteine werden Aminosäuren genannt. Unser Körper besteht aus 22 verschiedenen Eiweißbausteinen. Zieht man das Wasser des Körpers ab, bleibt Eiweiß zurück. Immunsystem, Knochen, Hormone, Muskeln, sogar unser Gedächtnis besteht daraus. Eiweiß ist der Baustein, aus dem das Leben ist. Und damit gleichzeitig unser wertvollster Nahrungsbestandteil. Kein Wunder, dass unsere Organe nur mit ausreichend Eiweiß optimal funktionieren können. Kein Wunder auch, dass auch unser Wohlbefinden vom optimalen Eiweißhaushalt abhängig ist. Nur wer »Super« tankt, kann auch Superleistungen erwarten.

Einige der lebensnotwendigen Aminosäuren kann der gesunde Organismus selbst herstellen. Die übrigen müssen wir mit der Nahrung immer wieder neu aufnehmen. Sie heißen deshalb »essenzielle Aminosäuren«, denn ohne sie kann unser Körper nicht reibungslos funktionieren. Beschwerden und Krankheiten stellen sich ein. »Essen«zielle Aminosäuren kann man essen. Wir können also auch hier über unsere Nahrung gezielt Einfluss nehmen auf unsere Befindlichkeit.

Schon wenn ein Eiweißbaustein nicht in ausreichender Menge vorhanden ist, kann das negative Folgen für unser seelisches und körperliches Befinden haben. Aminosäuren geben auch den Takt für unsere Stimmungslage vor. Ob das berühmte Glas für halb voll oder halb leer gehalten wird, dafür ist unser Hormonprofil verantwortlich, also unsere Aminosäuren. Sie bestimmen die Hirnchemie. Das bedeutet: Wenn wir das hoch komplizierte Räderwerk unseres Körpers nicht nur am Laufen halten wollen, sondern optimale Leistung und Lebensfreude anstreben, müssen wir für eine optimale Eiweißzufuhr sorgen.

Proteine sind nicht nur Grundbaustoffe von Muskelfasern, Knochen, Sehnen, Bändern, Haut und Haaren. Aus Eiweißbausteinen werden auch zahlreiche andere lebenswichtige Stoffe wie Enzyme und Hormone gebildet. Diese beeinflussen und regulieren zum Beispiel unser Verdauungssystem, den Alterungsprozess und unsere Laune. Darüber hinaus sind Eiweiße für den Transport von Sauerstoff und Nährstoffen zuständig. Sie unterstützen die Immunabwehr und spielen auch für die Konzentrations- und Gedächtnisleistung eine wichtige Rolle, indem sie bei Entgiftungsprozessen mitwirken. In Belastungssituationen werden Aminosäuren für die zusätzliche Energiegewinnung benötigt. Ein hoher Eiweißspiegel fördert Leistungsfähigkeit und Kreativität.

Stress, psychische und körperliche Anstrengung sowie eine falsche Ernährung können auch in unserer übersättigten westlichen Welt zu Eiweißmangel führen. Erste Anzeichen sind häufige Müdigkeit, Infektanfälligkeit und die Neigung zu Depressionen oder Pessimismus. Auch eine frühzeitige Hautalterung, Haarausfall und Gedächtnisstörungen können auf das Fehlen einzelner Aminosäuren hinweisen.

Eine gezielt eiweißreiche Ernährung heißt: Mindestens ein Drittel der täglich aufgenommenen Kalorien sollte aus Eiweiß bestehen. Bis ein niedriger Eiweißspiegel die erwünschten Topwerte erreicht, können 18 Monate verstreichen. Das Ergebnis kann sich dann jedoch sehen lassen: Lebensfreude und Leistungsfähigkeit sind enorm gestiegen, Kraft und jugendliche Frische beflügeln Körper und Geist. Das Eiweiß strafft die Muskeln, verjüngt die Haut, stimuliert die Immunabwehr, hebt das Konzentrationsvermögen und verbessert die Sauerstoffversorgung des ganzen Organismus.

Fundgrube Eiweiß

Gemüse, Getreide und vor allem Hülsenfrüchte liefern ganz hervorragendes, hochwertiges Eiweiß, und das in ausreichender Menge, ohne die fatale Kombination mit belastendem Fett und

Cholesterin. In unseren Breiten ist der bedeutendste Eiweißträger weder Fisch noch Fleisch. In unserem Kulturkreis schenken uns Linsen den höchsten Eiweißgehalt. Fisch und Fleisch enthalten 20 Prozent Eiweiß, daneben aber auch Fett in beachtlichen Anteilen. Linsen dagegen bestehen zu 23 Prozent aus Eiweiß und zu 0,5 Prozent aus Fett. In Linsen finden sich auch längst nicht so viele Schadstoffe, wie sie in letzter Zeit leider häufig in Meerestieren nachgewiesen wurden.

Günstige Werte haben auch die anderen Hülsenfrüchte wie Bohnen und Erbsen, außerdem Getreide wie Weizen, Gerste, Dinkel und Hafer sowie die Körnerfrucht Reis.

Grundsätzlich sollte der Anteil von tierischem Eiweiß zugunsten von pflanzlichen Eiweißquellen eingeschränkt werden. Die Devise lautet: eiweißreich und fettarm. Nur so wird eine optimale Eiweißverwertung erreicht. Gemüse und Getreide bieten alle Aminosäuren, die wir brauchen. Außerdem wird pflanzliche Nahrung leichter verdaut. Ihre wertvollen Eiweißbausteine und Vitalstoffe gelangen schnell in den Organismus. Fleisch dagegen, besonders fettes Fleisch, wird sehr langsam verwertet und blockiert die Verdauung für Stunden. Die kostbaren Eiweißstoffe werden nur zu einem kleinen Teil gelöst und dem Körper zugeführt. Schweinebraten und Schlachtplatte bedeuten Schwerstarbeit für den Organismus und sind regelrechte Glücksblockaden

Tipp:

Der Socken-Test

Wenn Sie das nächste Mal abends Ihre Socken ausziehen, achten Sie darauf, ob sich an der Stelle, wo der Gummibund gesessen hat, Druckstellen zeigen. Sie sind ein häufiges Zeichen für Eiweißmangel. Genauso wie Aufschwemmungen, also Wasseransammlungen am Fuß nach dem Ausziehen der Schuhe, Fachleuten bekannt unter dem Begriff »niedriger osmotischer Druck«.

Vier Fitmacher für den Speiseplan

1. Power-Teams
Bestimmte Eiweißzusammenstellungen auf dem Speiseplan sind ideal, sie ergänzen sich zu einer besonders hohen biologischen Wertigkeit. Gerichte, die Getreide mit Milchprodukten oder Hülsenfrüchten kombinieren, sind wunderbare Eiweißlieferanten: also Müsli mit Joghurt oder Magerquark zum Frühstück, Vollkornbrot mit fettarmem Käse als kleiner Snack zwischendurch, als Hauptmahlzeit Nudeln mit geriebenem Käse, Reis, Dinkel oder Mais mit Bohnen, Erbsen oder Linsen. Auch Pellkartoffeln mit Kräuterquark sind eine hervorragende Eiweißquelle.

2. Die Eiweißverwertung steigern
Voraussetzung dafür, dass möglichst viel Eiweiß aus der aufgenommenen Nahrung auch wirklich verwertet wird, ist eine gesunde Verdauung. Unterstützen können wir unseren Magen durch sorgfältiges Kauen. Je gründlicher man die Nahrung zerkleinert und dabei mit Verdauungsenzymen aus dem Speichel vorverdaut, desto leichter haben es Magen und Darm. Mit Hilfe eines Apfels, etwas Apfelessig oder eines mit Zitronensaft beträufelten Salats vor der Hauptmahlzeit regen wir die Magensäureproduktion an und steigern damit die Eiweißverwertung.

Es ist gar nicht so leicht, die Eiweißspeicher wieder aufzufüllen, wenn sie einmal leer sind – und es kann, wie gesagt, sehr lange dauern. Eine gute Alternative stellt ein Eiweißpräparat dar. Damit umgehen Sie das Problem, Unmengen an Linsen und Pellkartoffeln mit Quark zu sich nehmen zu müssen, um den Eiweißspiegel effektiv anzuheben. Schnelle Ergebnisse können mit dem richti-

Die essenziellen Aminosäuren im Überblick

NAME	BILDET	FÖRDERT	ENTHALTEN IN
Isoleucin	Muskeleiweiß	Muskelkraft, Wundheilung, Denkleistung	Nüssen und Samen
Leucin	Muskeleiweiß	Muskelaufbau, Kraft, Ausdauer, Immunsystem	Hafer, Weizenkleie, Linsen, Bohnen
Lysin	HGH (Wachstumshormon), Mangel beschleunigt den Alterungsprozess)	Kraft, Ausdauer, Energie, Fettabbau	Getreideprodukten, Hülsenfrüchten, Quark
Methionin	Taurin (Aminosäurenderivat), wichtig für Energie, Haut und Haar	körperliche und geistige Fitness, Entgiftung, Fettabbau	Knoblauch, Zwiebeln, wildem Reis, Hirse, Bohnen
Phenylalanin	Noradrenalin (Glückshormon), ACTH (Kreativitätshormon), Beta-Endorphin (körpereigenes Rauschmittel)	Kreativität, Motivation, Optimismus	Hülsenfrüchten, Getreide, Nüssen, Milch, Käse
Threonin	Glycin (nicht-essenzielle Aminosäure), wichtig für Bindegewebe und Nerven)	Verdauung, Fettabbau, Nervenstärke, weitet die Gefäße (»Ganzkörper-Viagra«)	Bohnen, Linsen, Erbsen, Milch, Eigelb
Tryptophan	Serotonin (»Chefhormon«), Vitamin B3, Melatonin (Altershormon)	Belastbarkeit, Stresstoleranz, wirkt antidepressiv	Naturreis, Linsen, Erdnüssen, Sesamsamen, Magermilchkäse
Valin	Muskel- und Nerveneiweiß	Immunabwehr, Muskelkraft	Nüssen, Käse, Pilzen, Naturreis
Arginin (nur im Kindesalter essenziell)	HGH (Wachstumshormon), Insulin, Hämoglobin (Blutfarbstoff)	Muskelaufbau, Kraft, jugendliche Energie, Wundheilung, senkt Cholesterinspiegel und Blutdruck	Erdnüssen, Haselnüssen, Mandeln, Linsen

NAME	BILDET	FÖRDERT	ENTHALTEN IN
Histidin (nur im Kindesalter essenziell)	Histamin (Nervenreizstoff), wichtig für die Libido	Blutdrucksenkung, körperliche und geistige Fitness	grünem Blattgemüse

gen Konzentrat erzielt werden; einem Produkt, das pflanzliches und tierisches Eiweiß im richtigen Verhältnis 60/40 enthält. Aber bitte nehmen Sie ein spezielles Eiweißpulver für Kopfarbeiter, nicht eines für Bodybuilder! Dieses Eiweiß ist reich an gehirnaktiven Aminosäuren und enthält weder schädliches Fett, Cholesterin oder Harnsäure. Meinen Patienten verordne ich die Produkte der Firma CADION, mit denen ich beste Erfahrungen gemacht habe; die Adresse finden Sie im Anhang.

3. Früh zu Abend essen

Am besten nach 18 Uhr nichts mehr essen. Unser Körper braucht Ruhepausen. So wird das Verdauungssystem nicht belastet und wir können einen tiefen und erholsamen Schlaf genießen.

4. Vorsicht Hitze!

Aminosäuren vertragen keine hohen Temperaturen. Durch langes Kochen oder Braten verlieren selbst die gesündesten Lebensmittel einen großen Teil ihrer Eiweiße und Vitamine. In der Pfanne stockt Eiweiß bei 54 Grad Celsius. Das ist der Augenblick, wo das Eiweiß denaturiert. Roh und naturbelassen oder kurz in Wasserdampf gegart zeigen sich Karotten, Brokkoli, Sellerie und Co. von ihrer wertvollsten Seite: knackig, köstlich und voll Energie spendender Nährstoffe.

Auch beim Braten von Fleisch und Fisch werden Aminosäuren zerstört bzw. biochemisch verändert. Besonders ungünstig wirken sich die hohen Temperaturen beim Grillen aus. Hierbei bilden sich teilweise sogar Krebs erregende Stoffe.

Am besten das Essen lebendig, frisch, unbehandelt und ungekocht verspeisen, wenigstens hin und wieder.

Der fruchtige Glückscocktail

Ohne Vitamine ist unser Organismus handlungsunfähig. Dabei liefern sie uns gar keine Energie, denn Vitamine sind keine Nährstoffe im eigentlichen Sinne, und doch geht ohne sie rein gar nichts. Erst im letzten Jahrhundert wurden sie entdeckt: winzige, aber geniale organische Verbindungen, die unseren Stoffwechsel zum Laufen bringen. Ihre Bedeutung für unser Leben kann gar nicht hoch genug geschätzt werden, denn sie ermöglichen es uns erst, Nährstoffe zu verwerten. Sie sind wie Treibstoff für unsere Autos. Das schönste und beste Auto der Welt kommt nicht vom Fleck, wenn es keinen Sprit oder eine vergleichbare Energie zur Verfügung hat. Auch die unentbehrlichen Mineralstoffe können ihre wichtigen Aufgaben oft nur mit dem »Vitamintreibstoff« erfüllen.

Vitamine sind häufig Bestandteile von Enzymen, jenen Stoffen, die biochemische Prozesse regulieren, ohne selbst direkt beteiligt zu sein. Auch wenn wir, verglichen mit Eiweißen und Kohlenhydraten, nur kleinste Mengen von ihnen brauchen: Vitamine spielen immer eine Hauptrolle. Verdauung, Immunsystem, Gehirn und Nerven arbeiten nur, wenn sie von Vitaminen unterstützt werden. Ob Schönheit, Lebensenergie oder Alterungsprozesse – der Einfluss von Vitaminen ist maßgeblich.

Unser Organismus kann Vitamine nicht selbstständig bilden, wir müssen sie mit der Nahrung aufnehmen. Darin liegt unsere große Chance, denn wir können uns gezielt so vitaminreich ernähren, dass wir uns optimal versorgen. Leider können nur wenige Vitamine im Körper auf Vorrat gespeichert werden. Deshalb ist eine regelmäßige Zufuhr so wichtig.

Tipp:

Vitamin-Tankstellen

Platzieren Sie an verschiedenen Stellen zu Hause und an Ihrem Arbeitsplatz Schalen mit frischem Obst, sodass Sie jederzeit zugreifen können und Ihre Vitaminversorgung nicht vergessen.

Obst, Salat und Gemüse sind reich an wertvollen Vitaminen, die wir am besten roh verzehren, denn wie wir nun wissen: Kochen, Braten und Grillen zerstört die wichtigen Vitalstoffe. Gemüse und Obst sollten immer frisch sein, oder zumindest richtig gelagert werden. Zudem sollten sie im Dunkeln aufbewahrt werden, da Vitamine meist sehr lichtempfindlich sind. Das gilt übrigens auch für die Vitaminquelle Milch, die man am besten in dunklen Flaschen oder lichtundurchlässigen Tüten kauft. Helligkeit zerstört die kostbaren B-Vitamine.

Und denken Sie daran: schnell hochgezogenes, überdüngtes Treibhausgemüse oder gentechnisch veränderte Lebensmittel enthalten oft nur noch einen Bruchteil der gesunden Biostoffe.

Wenn Vitamine fehlen

Erste Anzeichen für Vitaminmangel sind rasche Ermüdung, Konzentrationsprobleme und Infektanfälligkeit. Eine unzureichende Vitaminversorgung kann auf Dauer zu ernsthaften Krankheiten führen. In jedem Fall aber beeinträchtigt sie unsere Lebensqualität. Hautirritationen, Herzrhythmusstörungen, vorzeitige Alterserscheinungen, Kraftlosigkeit und Schlafprobleme sind ebenfalls häufig auf Vitaminmangel zurückzuführen.

Wenn einzelne Eiweiße, Hormone oder Spurenelemente in den Zellen fehlen, so muss dies kein Hinweis darauf sein, dass die dafür nötigen Stoffe nicht mit der Nahrung aufgenommen werden. Oft fehlen einfach die notwendigen Vitamine, um diese wichtigen Stoffe richtig zu verwerten. Also der Treibstoff, der uns mobil macht.

Wundermittel Vitamin C

Wo Vitamin C fehlt, wird es zappenduster. Da fühlt man sich schlapp und müde, ist vergesslich, döst am liebsten vor sich hin und hat jede Zuversicht verloren. Denn Vitamin C trägt unter anderem zur besseren Verwertbarkeit von Eisen bei, was uns Schwung, Elan und Ausdauer verleiht.

Vitamin C ist außerdem der beste Schutz gegen Viren und Bakterien. Es schützt unsere Gefäße, wehrt die Krebs erregenden Nitrosamine ab und dezimiert die freien Radikale. Ja mehr noch: Vitamin C vermag sogar bereits abgelagertes Fett von den Gefäßwänden abzulösen. Und es ist unerlässlich für die Bildung von Kollagen, einem Eiweißstoff, der eine ganze Reihe von Körperstrukturen aufbaut und für die Knochen- und Zahnbildung mitverantwortlich ist. Darüber hinaus wirkt Vitamin C der gefürchteten Arteriosklerose (Gefäßverdickung, -verhärtung) entgegen. Sie sehen: Vitamin C ist ein wahres Wundermittel. Und ein Glücksbringer obendrein, denn wir brauchen es, damit Glückshormone wie Noradrenalin und Kreativitätshormone wie ACTH sich entfalten können.

Fundgrube Vitamin C

Vitamin C kommt vor allem in frischem Obst und Gemüse vor, in besonders hohen Konzentrationen in der schwarzen Johannisbeere, in Holunderbeeren und in reifen Kiwis. Auch Zitronen und Blumenkohl speichern den Abwehrstoff reichlich.

Achtung!
Kochen unterwandert die Wirkungskraft der universalen Krankheitsabwehr Vitamin C! Kochen Sie deshalb möglichst schonend, also kurz (Gemüse mit »Biss«) und möglichst im Ganzen (lieber Pellkartoffeln als Salzkartoffeln). So bleibt wenigstens ein Teil der Inhaltsstoffe intakt.

Tagesbedarf
3 g

Warnzeichen bei Unterversorgung
Haarausfall, Infektanfälligkeit, Schlafstörungen, Zahnfleischbluten, Müdigkeit

Die Extraportion in Pulverform
Da überdosiertes Vitamin C ausgeschieden wird, kann man nicht zu viel davon einnehmen. Viele Menschen greifen zu Vitamin-C-Präparaten, weil sie wissen, wie schwierig es ist, sich heutzutage umfassend zu ernähren. Eine Messerspitze Vitamin-C-Pulver täglich ist durchaus empfehlenswert. Da Vitamin C jedoch den Zahnschmelz angreift, ist es noch besser, es in Kapseln verarbeitet einzunehmen.
Wenn Sie in Tabellen lesen, Kartoffeln seien reich an Vitamin C, so stimmt das natürlich für die Knolle frisch vom Acker, aber leider nicht mehr für die Kartoffel auf Ihrem Teller. Kartoffeln versorgen uns zwar mit komplexen Kohlenhydraten, dürfen aber nicht in unsere Vitaminbilanz eingerechnet werden. Auch die Kiwi, laut Liste prall voll mit Vitamin C, kann nur dann als Vitaminbombe durchgehen, wenn es sich um eine in Neuseeland am Strauch sonnengereifte Frucht handelt, und nicht um den unreif gepflückten, lange transportierten und künstlich gereiften Mutanten in unserem Obstsalat. Insofern ist die zusätzliche Gabe von Vitamin C in pulverisierter Form eine gute Lösung.

Der Mensch als Sondermüll?
Krematorien müssen heute mit Filtern ausgerüstet sein, damit beim Einäschern der Leichen keine Schwermetalle und Dioxine in die Umwelt gelangen. So weit ist es gekommen: Der Mensch als Giftmülllager. Das Hamburger Herbstlaub ist so stark mit Blei aus Autoabgasen, Cadmium aus Reifenabrieb, Kupfer und Arsen aus der Luft vergiftet, dass ein Drittel auf die Sondermülldeponie gefahren wird. Wie sehen da wohl unsere Lungen aus? Auf der Giftmüllhalde ist auch das Amalgam aus unseren Zähnen zu finden. Es vergeht kaum ein Tag, an dem uns nicht neue Hiobsbotschaften über Umweltgifte erreichen. Gift in den Trikots berühmter Fußballvereine, Gift in Paprikaschoten und Einbauschränken, Gift in Schulen und Kinderspielzeug, Gift, Gift, Gift …

Angriff der Radikale
Luftverschmutzung, Unkrautvernichtungsmittel, chemische Zusätze in der Nahrung, starke Sonneneinstrahlung, Tabak und Alkohol begünstigen die Bildung aggressiver Substanzen im Organismus, der so genannten freien Radikale. Tausende von diesen extrem aktiven Killerteilchen greifen ständig unsere Zellen an. Freie Radikale spielen bei der Entstehung von mindestens 200 Krankheiten eine entscheidende Rolle, dazu gehören Krebs, zahlreiche Herz-Kreislauf-Erkrankungen, Alzheimer und Rheuma. Außerdem beschleunigen freie Radikale den Alterungsprozess, fördern die Faltenbildung und schwächen die Körperorgane.

Aber es gibt auch eine gute Nachricht: Durch die richtige Ernährung können wir nicht nur die gefährlichen Giftstoffe und freie Radikale entwaffnen. Die Natur hat starke und hoch effiziente Gegenspieler entwickelt: bestimmte Vitamine und Spurenelemente, die den Namen »Antioxidantien« tragen. Zu diesen Radikalefängern gehören die Vitamine A, C, E und Q10 sowie die Spurenelemente Selen und

Zink. Das fettlösliche Vitamin E zum Beispiel schenkt uns eine straffe Haut, gesunde Augen und ein starkes Herz. Im Kampf gegen freie Radikale ist es so effektiv, dass ihm sogar eine lebensverlängernde Wirkung nachgesagt wird. Enthalten ist Vitamin E in Pflanzenölen, Nüssen, Mandeln und Sonnenblumenkernen.

Biotin (Vitamin H)

Vitamin H ist, leicht zu merken, das Beste für Haut und Haar und ein Vitalstoff mit besonders gutem Ruf. Biotin kann weit mehr, als Ihr Haar glänzen lassen. Biotin mobilisiert Ihre letzten Reserven, wenn es einmal darauf ankommen sollte. Es bildet Kohlenhydrate aus Nichtzuckerstoffen wie Eiweiß, wenn die Nahrung unserem Organismus zu wenig Kohlenhydrate zur Verfügung stellt oder durch Anstrengung alle Reserven verbraucht sind. Dadurch erhält der Körper den normalen Glukosespiegel aufrecht. Wir können an einem sportlichen Wettkampf erfolgreich teilnehmen oder in einer Prüfung schwierigste Fragen brillant lösen. Ohne Vitamin H gerieten Konzentrationsfähigkeit und Denkvermögen schnell in Not.

Vitamin H treibt Schwefel ins Haar, macht es glatt, glanzvoll und üppig. Unsere Haut macht es geschmeidig und zart, unsere Fingernägel fest und glatt und es verleiht uns Schönheit und Grazie.

Fundgrube Biotin
Eine besonders hohe Konzentration an Vitamin H findet sich in Bierhefe. Wobei Sie aber bitte nicht nur die erste Silbe des Wortes der Kehle zuführen. Auch Pilze, Sojamehl, Walnüsse und Erdnüsse sind gute Vitamin-H-Lieferanten.

Warnzeichen bei Unterversorgung
Depressive Verstimmungen, Hautirritationen, Haarausfall, Schuppen, Müdigkeit

Folsäure

Folsäuremangel ist der in Deutschland häufigste Vitaminmangel. Ob das ein Symbol ist? Folsäure baut nämlich das Glückshormon Noradrenalin auf, und als glückliches Völkchen sind die Deutschen ja nun nicht gerade bekannt. Wenn Folsäure fehlt, tischt das Nebennierenmark als schlechten Ersatz das Stresshormon Adrenalin auf. Adrenalin wühlt zwar innerlich auch auf, macht aber nicht glücklich.

Folsäure ist ein Coenzym, das unser Organismus für die Bildung von körpereigenem Protein und rotem Blutfarbstoff braucht, dem wichtigsten Pigment für den Sauerstofftransport im Blut. Auch für die Produktion der Blutplättchen, die für die Blutgerinnung und damit für den Wundverschluss zuständig sind, zeichnet sie im Verein mit Cobalamin verantwortlich. Folsäure ist hochwirksam im Kampf gegen verschiedene Formen der Blutarmut. Ohne Folsäure können unsere Gene im Zellkern, die sämtliche Stoffwechselvorgänge koordinieren, nicht gebildet werden. Folsäure unterstützt außerdem den Aufbau der für die Basisinformationen der Erbanlagen unverzichtbaren Nukleinsäuren und ist gewissermaßen Schaltzentrale für den Aufbau der so genannten »Botenstoffe«. Botenstoffe sind chemische Reizsignale, die unter anderem Empfindungen, Gefühlsregungen und Nervenstimulationen kreuz und quer – aber koordiniert – durch unseren Organismus schicken. Die Aufgaben der Botenstoffe sind so vielfältig, dass die Wissenschaft sie bis heute erst bruchstückhaft entschlüsselt hat.

Im Gegensatz zu anderen wasserlöslichen Vitaminen wird Folsäure in der Leber gespeichert. Patienten mit Herz-Kreislauf-Erkrankungen und Herzinfarkten haben nachweislich niedrige Folsäurewerte. Folsäure verhindert nämlich die gefährlichen Fettablagerungen an den Gefäßwänden. Auch bei depressiven Personen ist ein besonders niedriger Folsäurespiegel nachgewiesen. Ein erhöhter Bedarf besteht bei starker geistiger Beanspruchung. Wer also täglich viel Kopfarbeit leistet, benötigt erhöhte Dosen Folsäure. Auch Jugendliche und Schwangere haben einen zusätzlichen Bedarf.

Fundgrube Folsäure
Sauerkraut, Pilze und grünes Blattgemüse sowie Blattsalat warten mit reichlich Folsäure auf.

Warnzeichen bei Unterversorgung
Müdigkeit, innere Unruhe, früh ergrautes Haar, Darmprobleme, Schlafstörungen, Blutarmut

Vitamin B12 – der Verjüngungsstoff

Das Vitamin B12 (Cobalamin) wurde als letztes der uns bislang bekannten Vitamine entdeckt, und das, obwohl es so wichtig ist wie die Luft zum Atmen. Dabei brauchen wir in unserem Leben weniger Vitamin B12, als eine Linse wiegt. Kaum 5 mg dieses kostbaren Stoffes beherbergen wir in unserem Körper. Vitamin B12 übernimmt viele wichtige Aufgaben in unserem Organismus. Für unsere 70 Billionen Körperzellen gäbe es ohne Vitamin B12 keine Zellteilung und Zellreifung. Eine verzögerte Zellteilung führt zu schnellerem Altern (Hayflick-Effekt). Gesunde Zellen, die sich rasch teilen, verheißen dagegen Verjüngung und Elan. Im Gegensatz zu Vitamin B2 kann gespeichertes Vitamin B12 recht lange vor einem Vitaminmangel schützen. Die Vorräte bauen sich nur langsam ab und sind bis zu fünf Jahre lang verfügbar. Wenn wir optimal mit Vitamin B12 versorgt sind, werden wir mit geistiger Frische, Lebensfreude und Optimismus belohnt.

Fundgrube Vitamin B12
Cobalamin ist vor allem in tierischen Eiweißen enthalten. Aber auch pflanzliche Lebensmittel, insbesondere Wurzelgemüse, lie-

fern, bedingt durch eine natürliche Bakterienbesiedlung, Vitamin B12. Eine gute Nachricht für Vegetarier: Auch Bio-Joghurt und Sauerkraut bergen den Vitalstoff.

Achtung!

Vitamin B12 ist wie Vitamin B2 lichtempfindlich. Also kaufen Sie Milch besser nicht in hellen Glasflaschen.

Warnzeichen bei Unterversorgung
Müdigkeit, Nervosität, Depression, Taubheit in Armen und Beinen, Mundentzündungen, Blutarmut

Vitamin D – der Sendbote der Sonne

Die Vitamine B12 und D lassen in uns die Sonne scheinen, wenn wir sie in der richtigen Dosierung zu uns nehmen. Der Lichtstoff steht für kräftige Zähne und üppige Haarpracht, festen Knochenbau und gute Nerven. Wir strotzen vor Optimismus und strahlen Ruhe und Entspanntheit aus, wenn unser Organismus eine ausreichende Vitamin-D-Produktion gewährleistet. Bei Vitamin-D-Mangel hingegen ziehen dunkle Wolken auf: Pessimismus lässt uns in Tristheit versinken, Schlaflosigkeit und innere Unruhe vertreiben die letzten Reste der Lebensfreude. Vitamin D (Calciferol) stimuliert außerdem die Gene, die Duplikate für die Zellerneuerung herstellen, eine Art Schablone, nach der in der Zelle lebensnotwendige Eiweiße produziert werden. So läuft der Stoffwechsel »volle Kraft voraus«.

Vitamin D nimmt eine Sonderstellung unter den Vitaminen ein: Bei gutem Sonnenlicht vermag unser Organismus den leuchtenden Heilsbringer von selbst zu bilden. Unsere Haut absorbiert die Lichtteilchen der Sonne, die dann direkt in die Zellen wandern. Dort fachen sie mit Hilfe der in den Lebensmitteln vorkommenden Sterole die Produktion von Vitamin D an. Da wir im Winter vom Sonnenlicht wenig verwöhnt werden, sind wir in der lichtarmen Jahreszeit besonders auf die Aufnahme von Vitamin D aus der Nahrung angewiesen. Im Alter nimmt die Eigensynthese von Vitamin D übrigens ab.

Calciferol ist hitzebeständig und bleibt auch beim Kochen weit gehend erhalten.

Tipp:

Lichtduschen

Sogar bei dichter Bewölkung können Sie draußen Licht tanken. Das hebt Ihre Stimmung, gerade im Herbst und Winter. Nutzen Sie deshalb jede Gelegenheit, sich unter freiem Himmel zu bewegen.

Fundgrube Vitamin D

In Eigelb, Milchprodukten, Käse, Pilzen und Vollkorngetreide ist der Vitalstoff großzügig enthalten. Dass Lebertran reich an Vitamin D ist, davon können viele, die sich an ihre Kindheit erinnern, ein Lied singen.

Warnzeichen bei Unterversorgung

Pessimismus, Muskelschwäche, Schlafstörungen, Kurzsichtigkeit, Zahnausfall

Pantothensäure

Pantothensäure ist ein Vitamin des Vitamin-B-Komplexes, ein Stoff, der geistige Frische und Vitalität verleiht. Er wird in den Energiebrennkammern der Zellen zum Coenzym A umgebaut, dem Turboträger von Zellenergie und Zellatmung. Außerdem macht Pantothensäure sich stark für die Pigmente und fördert so die Hautbräune, wirkt gegen Haarausfall und verzögert den Alterungsprozess.

Fundgrube Pantothensäure
»Pantos« ist griechisch und heißt »überall«. Pantothensäure kommt in jeder natürlichen, also ungekochten und naturbelassenen Nahrung vor. Allerdings wird die Konzentration im Blut niedriger, je älter wir werden. Bierhefetabletten sind ein guter Lieferant für Pantothensäure. Außerdem Walnüsse, Pilze, Vollkorngetreide und Vollmilch.

Warnzeichen bei Unterversorgung
Lernschwächen, Haarausfall, Arm- oder Beinkrämpfe, Sehbeschwerden, Gelenkschmerzen

Tipp:

Vitamine

Dosierung
In manchen Lebenssituationen hat der Körper einen außergewöhnlich hohen Vitaminbedarf, der durch die Gabe von Vitaminpräparaten ausgeglichen werden muss. Dies sollte jedoch unter ärztlicher Aufsicht geschehen, denn bei einigen Vitaminen kann eine Überdosierung negative Folgen haben. Dies gilt zum Beispiel für Vitamin A: Als fettlösliches Vitamin kann es im Körper unbegrenzt angereichert werden. In allzu hoher Dosis wirkt Vitamin A jedoch schädlich. Diese Gefahr besteht nicht, wenn Sie Vitamin A durch pflanzliche Nahrung zu sich nehmen, beispielsweise als Beta-Carotin, ein Pro-Vitamin, das im Körper zu Vitamin A umgewandelt wird.

Auch bei Vitamin D sollte man nicht übertreiben. Wir benötigen es, um Calcium in Knochen und Zähnen einlagern zu können: Vitamin D stabilisiert also unser Skelett. Außerdem bewirkt es eine heitere, positive Grundstimmung. Auch hier sollte die Einnahme von Nahrungsergänzungspräparaten unter ärztlicher Kontrolle erfolgen. Ein übermäßig hoher Vitamin-D-Spiegel steigert nämlich die Calciumverwertung auf ungesunde Weise, und es bilden sich Calciumablagerungen in Organen und Gefäßen. Dies begünstigt wiederum die Entwicklung von Arteriosklerose.

Wie oft?
Fünf Portionen Gemüse und/oder Obst pro Tag sind ideal und eine optimale Alltagsprophylaxe gegen Krebs. Doch solch eine ideale Versorgung schaffen die wenigsten Menschen. Aber vielleicht schaffen Sie es, das Ideal immer im Kopf zu behalten und so oft wie möglich zu frischer Kost zu greifen. Es wird Ihnen immer leichter fallen, denn mit einer abwechslungsreichen Gemüse- und Obstauswahl werden Sie sich Tag für Tag vitaler fühlen. Ihr Stoffwechsel wird auf Hochtouren laufen, und Sie werden rundum spritzig und fit sein. Das wird Sie wiederum motivieren, bei dieser gesunden Ernährung zu bleiben!

Wenn Sie auf die Bedürfnisse Ihres Körpers hören, werden Sie ganz automatisch das Richtige essen. Lassen Sie sich leiten von Ihrer Intuition, und Obst und Gemüse werden ganz von selbst Stammgäste bei Ihren Mahlzeiten.

Manche Menschen glauben, sie dürften abends keinen Salat essen. Dieses Märchen hat den Ursprung darin, dass Salat eine minimale alkoholische Gärung vollzieht. Interessanterweise sind die Salatgegner aber meist genau jene, die abends ein Glas Rotwein empfehlen.

Unsere nächsten lebenden Verwandten, die Primaten, essen übrigens von früh bis spät Grünzeug. Und im Urwald gibt es keinen Gong, der um 17 Uhr verkündet: Last order!

Das gewisse Etwas namens Glück?

Manchmal trifft man Menschen mit einer besonderen Ausstrahlung. Fast nie entsprechen diese Menschen dem gängigen Schönheitsideal, und trotzdem sind sie schön. Und mehr als das: Sie haben das »gewisse Etwas«, wie es vage heißt. Das gewisse Etwas kann nicht besser beschrieben werden, weil niemand so genau weiß, was das Gewisse am Etwas eigentlich ist. Man kann es nicht erklären, aber man spürt es. Das gewisse Etwas ist sehr anziehend. Die Menschen, die von dieser Aura umgeben sind, werden von einem eigenen Zauber umweht.

Charisma (gr.-lat.) heißt »Gnadengabe«. Charismatische Menschen elektrisieren, dabei tun sie eigentlich nichts anderes als alle anderen auch. Aber bei ihnen wirkt es anders. Es scheint, als würden sie bewusster leben, als wären ihnen selbst die banalsten Dinge wertvoll. Manchmal blinkt eine Spur zu ihrem Geheimnis auf. Ist es die Art, wie er lacht? Ist es, weil sie so gut erzählen kann? Sie braucht bloß den Müll runterzutragen, und schon kommt sie mit einer Geschichte zurück. Ist es, weil er so gut Tennis spielt? Nein, das alles ist es nicht und irgendwie doch.

Charisma lässt sich nicht einfangen, das macht es so reizvoll und besonders. Charismatische Menschen sind schön. Und obwohl das Charisma ein geheimnisvolles Rezept hat, glaube ich, eine Ingredienz zu kennen: Glück. Die Fähigkeit, in Einklang mit sich selbst zu leben. Vielen Menschen gelingt es nur manchmal, in Harmonie mit sich selbst zu leben, und das macht Charisma noch kostbarer. Fasziniert suchen wir die Nähe charismatischer Menschen. Menschen, die mit sich im Reinen sind. Menschen, die ihr

Vitamine im Überblick

VITAMIN	WICHTIG FÜR	ENTHALTEN IN
A (Carotinoide)	Augen, Haut, Haare, Abwehrkräfte, Krebsvorbeugung	Karotten, Spinat, Chicoree, Feldsalat, Fenchel, Grünkohl
B (Thiamin)	Nerven, Gedächtnis, Konzentration	Sonnenblumenkernen, Sesamsamen, Sojabohnen
B2 (Riboflavin)	Augen, Haut, Lebensenergie, Stoffwechsel	Mandeln, Leinsamen, Steinpilzen, Kürbiskernen, Bierhefe
B3 (Niacin)	Energiegewinnung, Gedächtnis, Konzentration	Weizenkleie, Pilzen, Erdnüssen, Bierhefe, Vollkornprodukten
B6 (Pyridoxin)	Haare, Nerven, Blutgerinnung, Eiweißverwertung	Leinsamen, Walnüssen, Linsen, Sojabohnen
B12 (Cobalamin)	Knochen, Nerven, Fitness, Lebensfreude	Käse, Eiern, Fisch
Pantothensäure (aus Vitamin-B-Komplex)	Nerven, Haut, Haare, Lernfähigkeit, Konzentration, Vitalität	Pilzen, Weizenkleie, Walnüssen, Wassermelonen, Brokkoli
C (Ascorbinsäure)	Abwehrkräfte, Nerven, Haare, Zahnfleisch, straffes Bindegewebe	Hagebutten, Sanddorn, schwarzen Johannisbeeren, Zitrusfrüchten
D (Calciferol)	Knochen, Zähne, Optimismus	Milch, Käse, Vollkornprodukten
E (Tocopherol)	Abwehrkräfte, Haut, Herz, Vitalität, Krebsvorbeugung	Mandeln, Erdnüssen, Pflanzenölen, Sonnenblumenkernen
Folsäure	Haare, Herz, Gefäße, Sauerstoffversorgung, Blutbildung	Weizenkleie, Sauerkraut, Pilzen, grünem Blattgemüse
H (Biotin)	Haut, Haare, Fingernägel, Konzentration	Karotten, Tomaten, Sojabohnen, Nüssen, Pilzen
K (Phyllochinon)	Knochen, Zähne, Wundheilung, Vitalität	Blumenkohl, Sauerkraut, Rosenkohl
Q10 (Quasi-Vitamin)	Herz, Energie, Krebsvorbeugung	Knoblauch, Erdnüssen, Vollkornprodukten

Schicksal annehmen. Menschen, die im Jetzt leben. Menschen, die ihren Platz im Leben gefunden haben und ihn sinnvoll ausfüllen. Menschen, die in ihrer Mitte sind.

Leider kann man das gewisse Etwas nirgends kaufen. Es würde sich auch in Luft auflösen, wenn es alle hätten. Manchmal wird uns versprochen, wir könnten das gewisse Etwas erwerben, wenn wir uns in einer bestimmten Mode kleiden, einen bestimmten Wagen fahren, eine bestimmte Sportart ausüben, doch das gewisse Etwas wartet nicht in Kauf- und Autohäusern auf uns. Das gewisse Etwas ist in uns selbst verborgen. Und weil das gewisse Etwas ein Zauber ist, kann man ihn nicht zwingen. Es helfen weder Autos noch Diamanten noch Schönheitsoperationen. Aber man kann es essen, zumindest die Voraussetzungen dafür. Denn wenn Sie Ihren Körper mit all den Zutaten versorgen, die er braucht, um Glücksgefühle auszuschütten, wenn Sie darauf achten, dass Ihre Glücksfässer randvoll sind, dann werden sie beim kleinsten Anlass – bei einem zufälligen Regentropfen, den der Wind von den Bäumen weht – überlaufen, Glück macht schön und jung. Wir haben es tatsächlich selbst in der Hand, wie alt wir aussehen. Ernährung, Bewegung und unsere Lebenseinstellung spielen eine entscheidende Rolle dabei, ob man uns unser Alter ansieht. Vitaminen kommt dabei eine Schlüsselfunktion zu.

Mineralstoffe

Nun fehlen nur noch die Mineralstoffe im Konzert der Glücksbringer. Und auch bei ihnen können wir voll zugreifen, denn alle Mineralstoffe müssen mit der Nahrung aufgenommen werden. Mangelt es über einen längeren Zeitraum auch nur an einem einzigen dieser lebensnotwendigen Vitalstoffe, sind Leistungsabfall, Unwohlsein und schließlich Krankheiten die Folge. Auch unsere Gemütslage hängt von der richtigen Mineralstoffversorgung ab: schwache Nerven, Angstzustände, Depressionen und Herzrasen gelten als Warnzeichen für eine Unterversorgung. Aber Mineralstoffe wirken außerdem auf das Immunsystem, die Gewichtsregulierung und unser sexuelles Empfinden ein, und das gehört doch wohl zum Glück!¿

Mineralstoffe und Spurenelemente sind anorganische Stoffe. In unserem Organismus, der nur kleinste Mengen von ihnen enthält, entwickeln sie sich zu furiosen Akteuren im komplizierten Zusammenspiel des Stoffwechsels: vielseitig, höchst effektiv und unentbehrlich.

Mineralstoffe sind Grundelemente des Lebens. Im menschlichen Körper kommen etwa 46 Mineralien vor, mindestens 30 davon sind nach dem jetzigen Stand der Forschung lebensnotwendig. Dazu zählen sieben Mineralstoffe, Calcium, Chlor, Kalium, Magnesium, Natrium, Phosphor und Schwefel, sowie 23 Spurenelemente, zum Beispiel Chrom, Eisen oder Selen. Mineralstoffe machen insgesamt nur rund vier Prozent unseres Körpergewichts aus. Spurenelemente noch weniger. Zusammengenommen könnte man sie in einer halben Streichholzschachtel unterbringen.

Doch lassen Sie sich davon nicht täuschen: In dieser halben Streichholzschachtel lagert pures Dynamit!

Mineralstoffe sind Teamworker

In unserem Stoffwechsel verbinden sich Mineralstoffe mit Eiweiß- und Fettbausteinen oder Vitaminen. Deshalb lautet die Devise: mit Bedacht dosieren. Um eine positive und belebende Wirkung von Mineralstoffen und Spurenelementen zu erreichen, darf man nicht übers Ziel hinausschießen oder es verpassen. Fehlt ein Stoff, treten Mangelerscheinungen auf. Ist die Konzentration zu hoch, verkehrt sich die Wirkung ins Negative. Es kann sogar zu Vergiftungserscheinungen kommen. Wichtig zu wissen: Mineralstoffe konkurrieren im Organismus untereinander um Transportmittel und die Aufnahme in die Zellen. Sie stehen am Straßenrand der Blutbahnen, warten auf ein Taxi und gehen nicht gerade zimperlich vor, wenn sie eins erspähen. Und sie nehmen auch keine weiteren Fahrgäste mit. Also müssen wir selbst dafür sorgen, dass der Verkehr reibungslos funktioniert und immer genug Taxis für genau die richtige Menge an transportwilligen Mineralstoffen und Spurenelementen vorhanden sind. Es hilft nichts, wenn eine Sorte alle Taxis mit Beschlag belegt, alle müssen befördert werden. Das ist die Reise ins Glück.

Als gutes Beispiel für diese Zusammenhänge gelten der Phosphor- und Calciumspiegel. Beide Mineralstoffe sind lebenswichtige Bestandteile der Knochen, die im Verhältnis zwei zu eins stehen sollten. Steigt der Phosphoranteil, wird vermehrt Calcium ausgeschieden. Die Folgen: Schlafstörungen, Herzklopfen, brüchige Knochen und schlechte Zähne. Mit Fleisch, Wurst und Cola erhöhen wir unseren Phosphorspiegel auf ein ungesundes Niveau. Auch Kaffee und Tee fördern die Calciumausscheidung. Nüsse, Vollkornprodukte und Hülsenfrüchte dagegen enthalten Phosphor und Calcium in einem optimalen Verhältnis.

Eine gute Verwertung der kostbaren Mineralstoffe setzt einen gesunden Magen mit einer wohl dosierten Magensäureproduktion und starke Nieren, die ihre Filterfunktion optimal erfüllen, voraus. Alkohol, Nikotin, Koffein und zu fettes oder schadstoffhaltiges Essen überlasten und schwächen Magen und Nieren. Der gesamte Mineralstoffhaushalt gerät durcheinander. Dringend benötigte Stoffe werden ausgeschieden, andere im Übermaß angereichert. Darunter befinden sich häufig auch giftige Schwermetalle.

Magnesium

Magnesium wird auch »Salz der inneren Ruhe« genannt. Denn Unruhe, nervöse Reizbarkeit, Angst und Unentschlossenheit deuten häufig auf Magnesiummangel hin. Um die Glückshormone in Körper und Geist tanzen zu lassen, die Nerven zu stärken und die Zellen optimal mit Sauerstoff zu versorgen, sind große Mengen Magnesium nötig. Dieser Vitalstoff hat eine Schlüsselrolle bei der gesunden Funktion von Herz und Kreislauf und des gesamten Nervensystems. Ob wir gelassen und entspannt durchs Leben gehen oder zappelig und entnervt unsere Mitmenschen mit mieser Laune anstecken, liegt häufig am Magnesiumspiegel. Bei einem Magnesiumspiegel von unter 0,6 mmol/l nutzt unser Körper nicht einmal 20 Prozent seiner tatsächlichen Leistungskraft. Die Folge: Muskelkrämpfe, Muskelzittern, übermäßiges Schwitzen, Herz-Kreislauf-Beschwerden und Gewichtsabnahme. Magnesiummangel gefährdet also auch das Herz. Ich empfehle bis zu 1,0 mmol Magnesium pro Liter Blutflüssigkeit.

Viele Menschen wissen nicht, dass ihre chronisch schlechte Laune mit Magnesium schlagartig gebessert werden könnte. Gerade sie sollten darauf achten, mit der täglichen Nahrung viel Magnesium aufzunehmen.

Fundgrube Magnesium
Kürbissamen, Kakao, Weizenkeime, Sojamehl, unpolierter Reis, Tee, Mandeln, Cashew-, Erd- und Haselnüsse, Linsen, weiße Bohnen, Kohlrabi, Blattgemüse, Obst und Mischbrot

Achtung!

Gemahlenes Mehl büßt bis zu 80 Prozent des Magnesiums ein, da beim Mahlen der Keimling vom Mehl getrennt wird. Außerdem spülen Kunstdünger und saurer Regen Magnesium aus den Böden. Und wenn kein Magnesium im Boden ist, kann auch keines in den Früchten sein, die in diesem Boden wachsen.

Tagesbedarf
300 bis 600 mg. Die Deutsche Gesellschaft für Ernährung hält die Einnahme von 300 mg Magnesium pro Tag für sinnvoll, und die Magnesium-Forschung e. V. empfiehlt Schwangeren, diese Menge sogar auf 350 bis 400 mg aufzustocken. Wir speichern ungefähr 21 bis 28 g Magnesium vornehmlich in unserem Skelett. Um unseren Tagesbedarf zu decken, müssten wir entweder 500 g frischen Blattspinat oder 70 g frische Sonnenblumenkerne essen. Damit aber tatsächlich 300 mg Magnesium im Blut ankommen, bräuchten wir sogar 580 mg, also fast das Doppelte pro Tag, da nicht die gesamte mit der Nahrung zugeführte Menge vom Organismus aufgenommen wird. Und wer fortwährend unter Anspannung steht, benötigt noch mehr Magnesium.

Der Tagesbedarf ist enthalten in 200 g Spinat oder 3 Bananen oder 100 g Sesam oder 100 g Sonnenblumenkernen.

Magnesium extra
Nehmen Sie täglich ein bis zwei Beutel Magnesiumcitrat (300 bis 600 g) zu sich, bis Ihr Magnesiumspiegel auf über 0,9 mmol/l ansteigt. Lassen Sie dabei mehrmals per Blutbild nachprüfen, ob das Magnesium auch im Blut ankommt. Und besorgen Sie sich ein Pulver, das auch wirklich gut ist.

Eisen – der Aktivstoff

Ohne Sauerstoff kann keine Zelle arbeiten. Transportmittel des Sauerstoffs ist der rote Blutfarbstoff Hämoglobin mit seinem wichtigsten Bestandteil Eisen. Das Spurenelement Eisen schwimmt in unserem Blut und bindet den lebensnotwendigen Sauerstoff. Es hat großen Einfluss auf die körperliche und geistige Leistungsfähigkeit. Muskeln, Organe, Gehirn – sie alle brauchen permanent Sauerstoff, und zwar möglichst reichlich. Viele Menschen wissen nicht, dass ihre Müdigkeit und allgemeine Unlust, ihre Konzentrationsprobleme und Erschöpfungszustände aus Eisenmangel resultieren. Sie werden schlapper und schlapper, und am Ende rutschen sie in eine Depression. Und so wird es immer schwerer, wieder frischen Lebensmut zu schöpfen – dabei hat es eigentlich nur am Eisen gemangelt.

Eisenmangel ist sehr verbreitet. Besonders Frauen und Sportler sind davon betroffen. Frauen, weil sie durch die Menstruation regelmäßig große Mengen an Eisen verlieren; Sportler, weil sie während der körperlichen Belastung Eisen über Schweiß und Nieren ausscheiden.

Fundgrube Eisen

Hafer mit 5,8 mg pro 100 Gramm, grünes Blattgemüse und Hülsenfrüchte sind reich an Eisen. Zwar ist Fleisch eine gute Eisenquelle, doch es liefert meist auch viel Fett und Cholesterin, und das wiederum macht schlapp, nicht fit; macht eher träge und stumpf als hell und glücklich.

Warnzeichen bei Unterversorgung

Blasse Haut, Ermüdungserscheinungen, Haarausfall und Appetitlosigkeit gehören zu den ersten Warnzeichen. Werden diese Alarmsignale nicht beachtet, folgen bald Kopfschmerzen, Atemnot, Herzrasen und Schwindelgefühle, Vergesslichkeit. Eisenmangel führt zu der als Anämie bekannten Blutarmut.

Ein starkes Doppel
Wer zu jeder Mahlzeit Obst oder Rohkost isst, unterstützt den Körper bei der Eisenaufnahme; dies liegt an dem in der Frischkost enthaltenen Vitamin C.

Zink – für das innere Feuer

Zink ist ein Motor unseres Immunsystems und überaus wichtig für Wachstum und Reifung. Haut, Haare und Fingernägel bringen viele Menschen ganz automatisch mit dem Spurenelement Zink in Verbindung. Aber das ist noch lange nicht alles. Zink heizt das Immunsystem so richtig an. Es gibt uns Energie, Motivation und sexuelle Vitalität, da es am Stoffwechsel von Wachstums-, Schilddrüsen- und Sexualhormonen beteiligt ist. Zudem beeinflusst Zink unsere Sinnesfunktionen wie Riechen, Schmecken, Sehen und Hören. Und diese Sinne spielen eine Schlüsselrolle beim erotischen Empfinden.

Auch Sportler wissen das kostbare Mineral zu schätzen, denn Zink ist Doping auf natürliche Art. Es baut die Eiweißstrukturen und damit die Muskeln auf. Zudem entsteht das Keimdrüsenhormon Testosteron, wenn Zink und Eiweiß sich verbinden. Testosteron macht uns energisch und stark, durchsetzungsfähig und entscheidungsfreudig und hat auch einen großen Einfluss auf unser Liebesleben.

Fundgrube Zink
Austern sind besonders zinkhaltige Nahrungsmittel. Wegen der inzwischen hohen Schadstoffbelastung der Meere sollten sie allerdings ein seltenes Vergnügen bleiben. Reis, Hafer, Vollkornprodukte wie Vollkornbrot, Vollkornnudeln oder Müsli, Weizenkeime und Pfifferlinge sind dagegen unbedenkliche Zinklieferanten.

Warnzeichen bei Unterversorgung
Geringe Abwehrkräfte, Haarausfall, stumpfe, brüchige Haare, Hautprobleme, Müdigkeit, Menstruationsbeschwerden, nachlassende sexuelle Lust. Auch Bewegungs- und Sprachstörungen oder frühzeitige Alterserscheinungen können auf Zinkmangel hinweisen.

Leider beinhalten viele Lebensmittel heute nur noch wenig Zink. Hier gilt dasselbe wie bei Magnesium: Ausgelaugte Böden enthalten kaum Zink, und so ist Zinkmangel der Normalfall geworden.

Selen

Selen ist ein Jungbrunnen. Es ist zweifellos erwiesen, dass Selen in direktem Zusammenhang mit dem Alterungsprozess steht. Die Seele unserer Gesundheit hält unser Immunsystem auf Trab und wirkt wie ein gestrenger Türsteher: Rund um die Uhr schützt uns Selen gegen Umweltgifte wie Cadmium, Quecksilber und Arsen, die es, ohne zimperlich zu sein, hinauswirft. In Gebieten, in denen die Böden wenig Selen enthalten, erkranken Menschen überdurchschnittlich oft an Krebs. Ein Zufall? Oder fehlt hier der Türsteher, der Acht gibt, dass sich keine Feinde im Körper ausbreiten können? Selen ist ein berüchtigter Jäger freier Radikale. An der Oberfläche unserer Zellen vereitelt das antioxidativ wirkende Selen die Zerstörung der Fettsäuren. Selen ist auch in einem Enzym enthalten, das die beim Sport vermehrt entstehenden Sauerstoffradikale neutralisiert.

Selen stärkt das Herz, macht das Blut dünnflüssig und versorgt die Muskeln mit Sauerstoff.

Fundgrube Selen
Knoblauch, Sojabohnen, Getreide, Spargel, Pilze

Warnzeichen bei Unterversorgung
Infektanfälligkeit, Herzbeschwerden, Haarausfall, Blässe, frühes Altern, geistige Trägheit

Tipp:

Jungbrunnen zum Essen
Meiden Sie weißes Mehl! Essen Sie so viel Knoblauch, wie Ihre Umgebung verträgt. Noch besser alle miteinander Knoblauch genießen!

Lithium

Seit mehr als 50 Jahren ist die beruhigende Wirkung von Lithium in der Arzneimittellehre bekannt. Zwar benötigen wir das Spurenelement Lithium nur in verschwindend kleinen Dosen, doch seine Wirkung ist gewaltig. Besonders bei manisch-depressiven Patienten hat man mit der Gabe von Lithium großartige Erfolge erzielt. Lithium ist ein extrem leichtes Metall mit silbrigem Glanz. Es hemmt schlechte Laune und fängt Stimmungsschwankungen ab.

Das bindungsfreudige Element kommt im so genannten Ergussgestein vor. Das erklärt auch seine Wortherkunft: Der Name Lithium leitet sich vom griechischen »lithos« (Stein) ab. In der Erdkruste ist Lithium nachgewiesen. Einige Pflanzen wie Tabak und Hahnenfuß ziehen Lithium aus dem Boden. Auch Meer- und Flusswasser enthalten das federleichte Weichmetall in geringer Konzentration.

Als positiv geladenes Ion (Kation) beeinflusst Lithium den Mineralstoffwechsel in unserem Gehirn. In der Ursuppe unseres Blutes baut es die weißen Blutkörperchen und die Blutplättchen mit auf und beeinflusst die zellulären Prozesse in den roten Blutkörperchen. Darüber hinaus ist Lithium maßgeblich am Aufbau der für die Blutgerinnung erforderlichen Stoffe beteiligt. Unser Blut giert geradezu nach dem silbrigen Freudenspender. Es wird

Mineralstoffe und Spurenelemente im Überblick

MINERALSTOFF/ SPURENELEMENT	WICHTIG FÜR	ENTHALTEN IN
Calcium	Knochen, Zähne, Nerven, Gehirn	Milchprodukten, Nüssen
Chrom	Gehirn, Nerven, Fett- und Zuckerstoffwechsel	Vollkornprodukten, Spargel, Pilzen, Nüssen
Eisen	Sauerstoffversorgung der Zellen	Quinoa, Hafer, grünem Blattgemüse, Linsen, Fleisch
Jod	Energie, Konzentration, Fettabbau	Fisch, Meersalz, Algen, Meeresfrüchten
Kalium	Säureregulierung des Blutes, Blutdruck	Avocados, Brokkoli, Bananen, Kartoffeln
Kupfer	Immunsystem, Knochen, Nerven	Naturreis, Pilzen, Nüssen, Tomaten
Lithium	Ausgeglichenheit, Nerven	hartem Wasser
Magnesium	innere Ruhe, Gelassenheit, Muskelentspannung, Herzfunktion	Kürbiskernen, Mandeln, Nüssen, Vollkorngetreide
Mangan	Knochen, Herz, Gedächtnis, Energie	Nüssen, Sonnenblumenkernen, Vollkornreis, Spinat
Molybdän	Eisen- und Schwefelverwertung, Stressbewältigung, Energie	Hülsenfrüchten, Nüssen, Vollkorngetreide
Natrium	Wasser- und Elektrolythaushalt	Kochsalz, Meersalz
Phosphor	Knochen, Stimmung	Vollkornprodukten, Milch, Hülsenfrüchten
Schwefel	Stressbewältigung, Haut, Haar, Bindegewebe, Gelenke, Entgiftung der Leber, Fettabbau	Eiern, Milchprodukten

MINERALSTOFF/ SPURENELEMENT	WICHTIG FÜR	ENTHALTEN IN
Selen	Schutz vor freien Radikalen, Konzentration, Wundheilung	Vollkornprodukten, Spargel, Knoblauch, Pilzen, Eiern
Silizium	Haut, Haar, Bindegewebe, Entgiftung	Vollkorngetreide, Kartoffeln, Gemüse
Zink	Energie und Motivation, Immunsystem, sexuelle Kraft, Haut und Haare	Vollkorngetreide, Nüssen, Sonnenblumenkernen, Weizenkeimen

schnell vom Blut aufgenommen und in den einzelnen Organen gespeichert, um für Phasen einer lithiumarmen Ernährung gewappnet zu sein.

Fundgrube Lithium
Hartes Wasser, Heilerde

Warnzeichen bei Unterversorgung
Unruhe, psychische Angeschlagenheit, Nervosität

Ein Gläschen in Ehren?

Wo wir gerade beim Essen waren: Wie ist es eigentlich mit dem berühmten Gläschen in Ehren, bei dem es – wie die Erfahrung zeigt – nie bleibt? Dazu nur ein paar Fakten:

Alkohol ist, ebenso wie Insulin, ein Gegenspieler des Wachstumshormons HGH. Dieses überaus wichtige Hormon für unser Wohlbefinden, unsere Schönheit und unser Glück wird nur in den ersten Nachtstunden ausgeschüttet. Wer mit Alkohol im Blut zu Bett geht, muss auf die Ausschüttung verzichten. Und wer das häufiger macht, sieht im wahrsten Sinne des Wortes schnell alt aus. Man könnte überspitzt formulieren: Alkohol verhindert Glück. Langfristig ist das auf jeden Fall zu belegen.

Für jedes Glas Alkohol, das man trinkt, scheidet man außerdem die zirka eineinhalbfache Menge Flüssigkeit aus. Auf diese Weise verliert man wertvolle Mineralsalze, allen voran Magnesium.

Und noch eine kleine Anmerkung zum großen Thema Alkohol:

Männer, die viel Bier trinken, produzieren viel Östrogen (weibliches Geschlechtshormon) und bekommen oft auch Brüste. Komisch, oder? Dabei heißt es doch immer, Männer, die viel Bier vertragen, sind besonders männlich.

Die Macht der Gene?

Viele Menschen glauben, dass man genetisch verursachten Krankheiten hilflos ausgeliefert sei. Das ist nicht richtig. Zum einen kann die moderne Medizin heute auch bei erblich bedingten Krankheiten helfen, und zum anderen kann die Abklärung eines genetischen Risikos den Ausbruch einer Krankheit verzögern oder sogar verhindern.

Als Präventivmediziner lege ich immer großen Wert darauf, das genetische Risiko für bestimmte Krankheiten abzuklären. Wenn ein Patient dann erfährt, dass er zu einer Risikogruppe gehört, kann er die Risikofaktoren gezielt mindern.

Diabetes ist die am häufigsten vererbte Stoffwechselkrankheit. Trotzdem muss nicht jeder »Erbe« daran erkranken. Wer mit der richtigen Lebensweise vorsorgt, hat gute Chancen, kein Diabetes zu bekommen.

Es ist besonders traurig, wenn Menschen jung sterben, weil bestimmte Untersuchungen nicht zur Routine gehören, wie zum Beispiel die Bestimmung von Lipoprotein (a). Dieser Faktor wird als Erstes bestimmt, wenn ein junger Mensch einen Herzinfarkt erleidet, doch dann ist es oft zu spät. Hätte der Patient vorher gewusst, dass er zur Risikogruppe gehört, hätte mit einer präventiven Lebensweise und engmaschigen Kontrollen der Infarkt vielleicht verhindert werden können.

»Je länger man lebt, desto mehr Möglichkeiten hat man, glücklich zu sein! Glück regiert das Leben, nicht die Weisheit.«

(Marcus Tullius Cicero)

Allergien

Viele Menschen reagieren auf bestimmte Lebensmittel allergisch. Alle möglichen Allergien aufzuzählen, würde den Rahmen dieses Buches sprengen, deshalb möchte ich im Folgenden nur auf eine der häufig gestellten Fragen eingehen: Sollen Erwachsene Milch trinken – und was ist, wenn Milch nicht vertragen wird?

Nicht nur die Frage wird oft gestellt, es haben auch zirka 40 Prozent aller Menschen einen Lactasemangel. Lactase ist das Enzym, das die Lactose, also den Milchzucker, abbaut. Wer wenig Lactase hat, kann Milch schlecht verwerten. Das merkt man beispielsweise an Blähungen oder auch an chronischen Krankheiten. Oft probieren die Betroffenen eine Weile herum, ehe sie wissen, was sie vertragen und was sie lieber meiden. Neurodermitis zum Beispiel bessert sich häufig, wenn auf Milch verzichtet wird. Auch Asthma mildert sich ohne Milch.

Milch ist nicht gleich Milchprodukt. Wenn der Milchzucker vergoren ist, können auch jene Menschen, die an Lactasemangel leiden, Milchprodukte zu sich nehmen. Im Joghurt ist die Lactose völlig harmlos und wird im Allgemeinen gut vertragen.

Dennoch: Milch ist nichts für erwachsene Menschen und sollte Kindern vorbehalten bleiben. Milch ist auch kein Getränk im eigentlichen Sinne. Von der Kaloriendichte her ist sie eher als Nahrungsmittel zu bewerten.

Sollten Sie unter einer Allergie leiden, wissen Sie am besten, auf welche Lebensmittel Sie verzichten müssen. Erkundigen Sie sich, wie Sie sich trotzdem gesund und ausgewogen ernähren können.

Verzichten Sie nicht einfach auf Glücksbringer in Ihrer Nahrung, sondern ersetzen Sie sie durch andere Glücksbringer.

Als Selenlieferant empfehle ich beispielsweise Spargel. Doch Selen kommt auch in Knoblauch, Sojabohnen, Getreide und Pilzen vor. Es gibt immer Alternativen! Die im Spargel enthaltene Asparaginsäure möchte in der Niere zum selben Türchen hinaus wie die Harnsäure. Die beiden Säuren konkurrieren sozusagen miteinander, denn besonders groß ist die Tür nicht. Es kommt schon mal zu Rempeleien, und dann kann es leicht passieren, dass die Harnsäure den Kürzeren zieht, zurückgedrängt wird, sich staut und ansteigt. Der Gewinner ist in diesem Fall die Asparaginsäure, was man nach dem Genuss von Spargel auf der Toilette auch deutlich riechen kann. Deshalb unbedingt viel trinken nach dem Spargelessen, um auch der Harnsäure eine Chance zu geben und sie hinauszuschwemmen. Dann steht der entschlackenden und entwässernden Wirkung von Spargel nichts mehr entgegen.

Somatische Intelligenz

Jeder Mensch verfügt über eine somatische Intelligenz, d. h. jeder Mensch weiß »eigentlich«, was er braucht, um sich gesund und individuell richtig zu ernähren. Leider haben wir diese Intuition zum Teil verlernt, oder sie ist überlagert von all den Verlockungen, denen wir täglich ausgesetzt sind. Hier der Duft von frischem Kuchen aus der Bäckerei, dort drüben ein Mann, der die Fahne einer Leberkässemmel hinter sich herzieht, und gleich daneben ein Kebapstand. Wenn man durch die Fußgängerzone einer beliebigen Stadt flaniert, sieht man ununterbrochen Menschen, die essen. Ob ihnen bewusst ist, was sie essen? Ob sie das, was sie essen, wirklich »brauchen«? Ob sie auf ihre somatische Intelligenz gehört haben? Oder ob sie sich einfach verführen lassen von den Düften und schlucken, ohne zu genießen, weil die Aufmerksamkeit durch die Auslagen der Schaufenster gebannt ist?

Die somatische Intelligenz ist ein ganz wunderbarer Scout zu Gesundheit und Glück. Der Körper verlangt instinktiv, was er braucht. Wir haben alles in uns – wir brauchen es nur wieder zu entdecken und darauf zu hören. Die somatische Intelligenz ist unsere innere Weisheit. Wir können diese innere Weisheit wecken, mit bewusstem Hinhören.

Und dann ist die gesunde Ernährung auf einmal kein Stress mehr, sondern läuft ganz automatisch und intuitiv. Da muss man nicht mehr abwiegen, wie viel Gramm von Irgendwas man braucht, man weiß es einfach, weil man es spürt.

Der Körper weiß, was er braucht
Der kleine Florian steht an der Tafel im Zimmer der ersten Klasse und beißt von einem Stück grüner Kreide ab. Was kaum jemand weiß: In grüner Kreide steckt Chrom. Florian ist zuckerkrank, und Diabetiker leiden häufig an Chrommangel. Niemand hat Florian das erklärt. Er hätte es wahrscheinlich auch noch gar nicht verstanden als ABC-Schütze. Sein Körper hat ihn intuitiv geleitet.

Wie wichtig die somatische Intelligenz ist, sieht man vor allem bei schwangeren Frauen. Man hat herausgefunden, dass die Frauen, die während der ersten Schwangerschaftswochen am meisten unter Übelkeit und Erbrechen leiden, die gesündesten Kinder zur Welt bringen. Das liegt daran, dass die somatische Intelligenz diesen Frauen dabei hilft, genau das zu essen, was sie für die optimale Versorgung des Kindes brauchen – und sie vor schädlichen Stoffen schützt, indem sie sie wieder hinausbefördert.

In den ersten drei Schwangerschaftsmonaten werden die Gliedmaßen und inneren Organe des Kindes angelegt. In dieser Phase geht es um alles oder nichts. Deshalb kamen zum Beispiel auch Kinder, deren Mütter erst im späteren Verlauf der Schwangerschaft das Mittel Contergan eingenommen hatten, unversehrt zur Welt. Nach dem dritten Monat ist der werdende Mensch fertig angelegt, alles ist da: Ohren, Augen, Gliedmaßen, innere Organe. Ab jetzt geht es nur noch darum zu wachsen.

Unser Körper kennt den Weg zu Gesundheit und Glück. Wenn wir unserer Intuition vertrauen, machen wir alles richtig.

Tipp:

Sieben Rezepte für Ihr Glück

Jetzt haben Sie eine Menge über gesunde und glücksbringende Ernährung erfahren. Vielleicht fragen Sie sich aber noch, wie Sie das alles umsetzen sollen. Sie brauchen nicht akribisch vorzugehen und jeden Bissen auf die Waage zu legen. Es genügt, wenn Sie sich im Großen und Ganzen an die folgenden sieben Punkte halten und Ihrer somatischen Intelligenz folgen:

1. Gönnen Sie sich Eiweiß.
   Essen Sie möglichst oft Bohnen, Erbsen, Linsen, Getreide, Hüttenkäse, Magerquark, Putenbrust, Wild und Fisch. Helfen Sie Ihrem Glück mit etwas Eiweißpulver auf die Sprünge (Präparate im Anhang).
2. Meiden Sie Fett.
   Lesen Sie beim Einkaufen die Inhaltsangaben auf den Lebensmittelverpackungen. Viele Fette sind »versteckt«.
3. Gönnen Sie sich langkettige Kohlenhydrate.
   Sie stecken in Vollkornbrot, Reis, Kartoffeln, Müsli, Nudeln, nicht vollreifen Bananen.
4. Meiden Sie kurzkettige Kohlenhydrate.
   Machen Sie einen Bogen um alles, was schnell süß schmeckt: Traubenzucker, Schokolade, Weintrauben, reife Bananen.
5. Gönnen Sie sich Fruchtfleisch.
   Täglich frisches Obst und Gemüse in »rohen Mengen«, am besten aus dem Bioladen oder dem eigenen Garten. Und das Gemüse bitte nicht zu lange kochen, wenn es überhaupt sein muss.
6. Gönnen Sie sich Vitamin C.
   Ideal sind täglich drei Gramm, das entspricht einer Menge von fünf Kilo Orangen – oder greifen Sie zu einem Vitamin-C-Konzentrat.
7. Gönnen Sie sich Magnesium.
   Täglich ein bis zwei Beutel Magnesiumcitrat (300 bis 600 mg) füllen Ihre Depots.

Kochen macht Lust und Laune

Indem Sie Speisen selbst zubereiten, anstatt Sie fertig zu kaufen, bringen Sie eine Menge Glückshormone in Schwung.

Dopamin wird gebraucht, um Ihre Aktionen zu steuern, damit Sie auch alles zielgerichtet erledigen.

Opioide wecken die Vorfreude und verwöhnen uns mit dem Gaumenkitzel der anstehenden Genüsse.

Außerdem ist erwiesen, dass die Genüsse, auf die man sich lange freut, auch wirklich intensiver wahrgenommen werden. Auf ein eingeschweißtes Mikrowellengericht müssen Sie nicht lange warten.

Am allerschönsten ist es, wenn nicht nur eine Person in der Küche hantiert, sondern auch die geladenen Gäste miteinbezogen werden. Gemeinsam wird gekocht, gemeinsam wächst die Vorfreude und gemeinsam wird genossen. Kann ein Abend schöner sein?

Ihr persönliches Blutbild

Blutwerte

ART	EINHEIT	RICHTWERT
Leukozyten	Tsd/µ	4,0–9,4
Erythrozyten	Mio/µ	4,2–5,4
Hämoglobin	G/dl	12–16
Hämotokrit	%	36–46
MCV (mittleres Erythrozyten Volumen)	fl	78–98
MCH (HbE)	pg	26–32
MCHC (mittlere Hämoglobin-Konzentration)	g/dl	32–36
Thrombozyten	Tsd/µ	150–440
Harnsäure	mg/dl	bis 5,7
Gamma-GT	U/l	bis 18
Gesamt-Eiweiß	g/dl	6,20–8,50
Triglyceride	mg/dl	bis 175
Cholesterin	mg/dl	bis 200
HDL-gebundenes Cholesterin	mg/dl	ab 40
LDL-gebundenes Cholesterin	mg/dl	bis 135
VLDL-gebundenes Cholesterin	mg/dl	bis 40
LDL-/HDL-Cholesterin	mg/dl	bis 4
Cholesterin/HDL-Cholesterin	mg/dl	bis 5
Blutzucker im Serum	mg/dl	60–110

Sollten Sie gewisse Mangelerscheinungen an sich festgestellt haben, gehen Sie diese am besten gezielt an. Sie wissen ja jetzt, worauf Sie achten müssen. Oder Sie lassen gleich ein Blutbild erstellen und all die angesprochenen Werte testen, dann haben Sie wirklich Klarheit. Ihr Blutbild ist Ihre persönliche Bibel für ein erfülltes Leben. Wenn Sie lustlos und schwach durchs Leben schleichen, kann man das an Ihren Blutwerten ablesen. Doch Vorsicht! Häufig lobt ein Arzt »Bei Ihnen ist alles normal« – doch was heißt schon »normal«? Normalwerte kommen zustande, indem aus einer Million Blutwerten der Mittelwert errechnet wird. Aber von wem stammen diese Blutproben? Natürlich von Kranken, weil es ja immer die sind, die zum Arzt gehen. Was in der Medizin als »normal« gilt, ist nichts anderes als der Mittelwert des Durchschnittskranken. Attestiert Ihnen der Arzt beim Routinecheck beste Gesundheit, heißt das also nur: Verglichen mit Kranken geht es Ihnen gut.

Aus diesem Grund lege ich Ihnen nahe, sich an anderen Normwerten zu orientieren. Platzieren Sie die Messlatte etwas höher und streben Sie nicht danach, normale, sondern optimale Werte zu erreichen. So kommen Sie dem Glück spürbar näher. Sorgen Sie dafür, dass Ihre Tanks randvoll sind mit Eiweiß und Glückshormonen, sodass sie beim kleinsten Anlass überlaufen und Sie mit Glücksgefühlen fluten. Denn Glück ist Flow, ein Zustand des Fließens.

»Die Natur hat dafür gesorgt, dass es, um glücklich zu leben, keines großen Aufwandes bedarf; jeder kann sich selbst glücklich machen.«

(Lucius Annaeus Seneca)

Bei Spitzensportlern werden übrigens automatisch auch noch eine Reihe anderer Leistungsparameter im Blut bestimmt, zum Beispiel Phenylalanin, Tryptophan, Methionin, Zink, Chrom, Mangan oder Selen. Stoffe, die nicht unbedingt etwas über Krankheiten aussagen, sondern etwas über die Allgemeinbefindlichkeit, die geistigen Stärken, das Lebensgefühl – und auch das Glücksempfinden. Stoffe also, die über das Charisma eines Menschen entscheiden. Fragen Sie Ihren Arzt danach oder besuchen Sie mich in meiner Praxis.

Die Hormone des Glücks

Wer hat schon nicht einmal über einen anderen gesagt: »Bei dem spielen die Hormone verrückt.« Meistens meinen wir damit, dass jemand so verliebt ist, dass er nicht mehr weiß, was er tut. Doch Hormone machen uns nicht nur liebestoll, sie machen uns auch glücklich. Es gibt sogar regelrechte Glückshormone, wie zum Beispiel Endorphine. Und nun kommt die allerbeste Nachricht: Wir können dafür sorgen, dass diese Hormone im Überfluss ausgeschüttet werden und uns mit Glücksgefühlen überschwemmen. Es gibt einige wirkungsvolle Rezepte dafür. Sie können Glückshormone essen. Sie können Glückshormone auch mit der richtigen Bewegung in Schwung bringen. Aber darüber hinaus gibt es noch ein Zaubermittel: Sie können sich glücklich denken, denn Ihre Gedanken und Vorstellungen beeinflussen Ihre Hormonsituation genauso wie ein reales Ereignis.

Samstagabend, draußen regnet es. Sie beschließen, ins Kino zu gehen und schauen sich einen Liebesfilm an. Ohne, dass Sie es steuern können oder merken, steigt dabei das Hormon Progesteron in Ihrem Blutspiegel deutlich an. Gleichzeitig driften Sie in eine kuschelige Stimmung und fühlen sich anlehnungs- und zärtlichkeitsbedürftig. Wenn Sie ein Mann sind, weist Ihr Blut zusätzlich einen niedrigen Testosteronspiegel auf. Damit sinkt auch die Bereitschaft zu aggressivem Verhalten.

Eine Woche später: Wieder regnet es am Samstagabend. Diesmal beschließen Sie einen Actionfilm im Kino anzusehen. Auch dieser Film wird seine Spuren in Ihrem Hormonspiegel hinterlassen. Bei Männern, deren Testosteronspiegel schon vor dem Kinobesuch relativ hoch ist, steigt das Testosteron während des Actionfilms noch einmal um bis zu 30 Prozent an. Bei Frauen sinken die Testosteronwerte während des Kinobesuchs jedoch ab.

Sie sind nur im Kino gewesen, und Ihre Hormone spielen verrückt, ohne dass Sie selbst irgendwas getan hätten. Es ist doch nur ein Film! Trotzdem haben die Bilder Ihre Gefühlslage beeinflusst. Wäre es nicht schön, die Hormone auch bewusst steuern zu können?

Ob Ihr Hormonspiegel ein bisschen Nachhilfe benötigt, kann man leicht feststellen. Dazu braucht man nur seinen Hormonwert im Blut zu messen. Es geht sogar noch einfacher, indem man den Gesamteiweißwert im Blut bestimmt. Denn der Grundbaustein für die begehrten Glückshormone ist nun einmal Eiweiß. Hohe Eiweißwerte führen automatisch zu einer besseren Hormonsituation. Und Eiweiß kann man essen.

Hormone sind körpereigene Substanzen, die Informationen übermitteln. Zu ihren Zielorten gelangen die Hormone über das Blut oder den Lymphweg. Unterwegs treffen sie Zellen mit speziellen Andockstellen, so genannte »Rezeptoren«.

Die meisten Hormone entstehen in den verschiedenen Drüsenorganen. Die wichtigsten Produktionsstätten sind im Gehirn die Hypophyse und der Hypothalamus und ansonsten Bauchspeicheldrüse, Schilddrüse, Nebenschilddrüse, Nebennieren, Eierstöcke und Hoden. Darüber hinaus gibt es Hormone, die direkt im Gewebe gebildet werden.

Endorphine (aus der griechischen Vorsilbe »Endo« für innen und »Morphin«) sind körpereigene Rauschmittel, also natürliche Opiate. Sie vermitteln Lustgefühle aller Art und wirken schmerzhemmend, beruhigend und angstlösend. Außerdem erhöhen sie die Wahrnehmungsfähigkeit und zaubern eine wohlig-glückliche Stimmung, bis hin zur Ekstase.

Dopamin und Serotonin – hinter diesen chemischen Begriffen verbirgt sich das Glück. Diese Hormone sind dafür verantwortlich, dass wir uns gut fühlen. Sie vermitteln den Nervenzellen (Neuronen) des Gehirns die Botschaft »Sei glücklich!«, die diese dann elektrisch weiterleiten. So wird das High-Gefühl beim Konsum von Drogen auf eine großzügige Ausschüttung von Dopamin zurückgeführt. Verantwortlich dafür ist ein Belohnungssystem, das wir auch selbst stimulieren können.

Wenn man Opioide künstlich zuführt, also Heroin, Kokain, Ecstasy etc., wird man schnell süchtig und gibt sein Leben aus der Hand. Besser man produziert diese »Suchtstoffe« selbst. Damit nimmt man sein Leben in die Hand.

Dopamin – der Tausendsassa

So klein und so voller Wunder! Dopamin ist ein überaus wichtiger Botenstoff (Neurotransmitter) im Nervensystem, der Impulse zwischen Nervenzellen, Hirnzentren und Immunsystem weiterleitet. Dabei leistet er Großes, was unsere körperliche und seelische Aktivität betrifft.

Das winzige Molekül Dopamin besteht aus nur 22 Atomen und ist dennoch an einer Vielzahl von Prozessen beteiligt: unserem Antrieb, unserem Wohlbefinden, Gelassenheit und Lebensfreude, harmonischen Bewegungen, Feinmotorik, Mut, Konzentration und Reaktion, der Befreiung von diffusen Ängsten, vegetativer Harmonie, optimaler Funktion von Herz und Kreislauf und der Aktivierung des Immunsystems. Darüber hinaus steigert Dopamin unsere Fantasie und unsere Neugierde, unsere Kreativität, auch unser Lernvermögen und last, but not least: die Lust auf Sex. Deshalb gilt Dopamin auch als Stoff des Begehrens. Wenn wir etwas wollen oder jemanden, dann schüttet unser Gehirn diesen Botenstoff aus. Bei frisch Verliebten ist Dopamin häufiger anzutreffen als bei Ehepaaren. Kein Wunder, denn Dopamin bewirkt auch, dass ein Individuum sich einer anderen Person gegenüber mehr öffnet, als es normalerweise der Fall wäre. Es gibt sogar die These, dass manche Menschen kein Glück in der Liebe haben, weil es ihnen an Dopamin mangelt. Sie leiden Einsamkeit aufgrund einer biochemischen Konstitution. Diesen Menschen kann geholfen werden!

Wer an einem Mangel an Dopamin leidet, fühlt sich kraftlos, müde, lustlos, ist oft desinteressiert oder gar mürrisch. Schlechte Laune ist bei solchen Menschen an der Tagesordnung, von Glücksgefühlen keine Spur. Traurigerweise sind das dieselben Anzeichen, die sich bei manchen Menschen auch im Alter einstellen. Viele Altersbeschwerden sind nämlich auch verbunden mit dem altersbedingt abnehmenden Dopaminspiegel im Nervensystem. Im Extremfall führt Dopaminmangel im Gehirn zum Parkinson-Syndrom, der Schüttellähmung.

Wir sehen also, wie wichtig Dopamin für ein erfülltes Leben ist. Und dafür können wir einiges tun, indem wir unsere Dopaminbildung gezielt fördern. Wenn Sie auch nur einige der vorgeschlagenen Tipps in diesem Buch beherzigen, tun Sie schon eine Menge für Ihre Dopaminbildung.

Dopamin sorgt nicht nur dafür, dass wir etwas wollen, es sorgt auch dafür, dass wir es bekommen, denn es setzt die nötigen Systeme in Gang, damit wir das erreichen, was wir wollen. Und das fühlt sich gut an: Wir sind motiviert, optimistisch und strotzen vor Selbstvertrauen. Dopamin hat das Ruder in die Hand genommen. Es stellt das Gehirn darauf ein, dass den Worten Taten folgen. Ohne Dopamin würden unsere Muskeln unserem Willen nicht gehorchen. Und weil uns die Vorfreude auf das, was wir gleich erreichen werden, positiv stimmt, ist Dopamin das »Euphorisiakum« schlechthin. Es gibt kaum eine Situation, an der Dopamin nicht beteiligt ist.

Immer dabei: Ihr Freund Dopamin

Wir wollen ab morgen beginnen, mit einem gesunden und glücksfördernden Frühstück in den Tag zu starten, und sind dabei, alles Nötige dafür einzukaufen. Da lachen uns die knallroten Erdbeeren an. Schon ist Dopamin mit im Spiel, denn wir wollen die Erdbeeren. Dopamin gibt dem Gehirn auch den Befehl, alle nötigen Muskeln zu bewegen, die erforderlich sind, um die Erdbeeren von der Auslage in unseren Einkaufskorb zu befördern. Weiter: An der Kasse sitzt ein attraktiver Mann oder eine attraktive Frau. Wir sehen ihn oder sie, und schon gibt es eine Extraportion Dopamin. Und später, wenn wir uns im Job einer kniffeligen Aufgabe widmen, steht der Botenstoff Dopamin wieder in der vordersten Reihe und unterstützt uns. Mit einer großzügigen Dopaminausschüttung denkt es sich schneller, wir bilden leichter Assoziationen und sind insgesamt kreativer, da wir Informationen wirkungsvoller verarbeiten. Dies erklärt auch, warum man im Zustand allerhöchster Konzentration den »Flow« erlebt.

Fundgrube Dopamin

Eiweißhaltige Nahrung, heutzutage am besten als Nahrungsergänzungsmittel.

Serotonin – das Chefhormon

Wer reich an Serotonin ist, der ist auch reich an Glücksfähigkeit. Wer arm an Serotonin ist, der ist reich an Sorgen.

Der Botenstoff Serotonin ist ein Überträgerstoff in den Nervenzellen des Gehirns. Die größten Mengen sind in bestimmten Zellen des Darms gelagert, der übrigens über mehr Nervenzellen verfügt als das Gehirn. Serotonin ist ein wesentlicher Bestandteil des Hormonsystems. Es beeinflusst Appetit und Schlaf, steuert den Sexualtrieb, die Körpertemperatur und hat Auswirkungen auf die

Gemütslage. Ausreichend Serotonin im Körper macht ruhig und ausgeglichen. Serotoninmangel dagegen führt zu emotionaler Überempfindlichkeit oder sogar zu aggressivem Verhalten. Dauerhafte Mangelerscheinungen können zahlreiche psychische Erkrankungen fördern, wie Depressionen, Angst-, Belastungs-, Schlaf- oder Essstörungen. Auch die schmerzvollen Migräneattacken sind oft auf einen Serotoninmangel zurückzuführen.

Für Serotonin gibt es mehr als zehn unterschiedliche Rezeptoren (Andockstellen). Das bringt sehr viele, teilweise gegensätzliche Wirkungen mit sich. Besetzt Serotonin die eine Kontaktstelle, verengen sich die Blutgefäße, besetzt es eine andere, weiten sie sich. Mal steigt der Blutdruck, mal fällt er.

Fast alle depressiven Menschen haben zu wenig Serotonin. Das äußert sich durch negative Gedanken, schlechte Laune, Antriebsarmut. Depressive Menschen denken in Problemen, nicht in Lösungen. Die Schulmedizin versucht hier durch Antidepressiva zu helfen. Eines haben fast alle Antidepressiva gemeinsam: Sie sollen den Serotoninspiegel künstlich anheben. Daran sieht man die maßgebliche Bedeutung von Serotonin für das Lebensgefühl. In den USA greift jeder Vierte zu dem Stimmungsaufheller Prozac. In Deutschland hilft sich jeder Achte mit Fluctin, dem deutschen Prozac. Naturheilkundler schwören auf Johanniskraut oder Tryptophan.

Glückliche Menschen brauchen keinen künstlich angehobenen Serotoninspiegel. Er ist bereits hoch, und auch ihr Tryptophanspiegel ist höher als der von depressiven Menschen.

Tryptophan – der charismatische Glücksbote

Wenn der menschliche Körper das mit der Nahrung aufgenommene Tryptophan nur zum Aufbau von Eiweißstoffen verwenden würde, wäre es bloß eine von vielen essenziellen Aminosäuren. Doch Tryptophan leistet mehr als Eiweiß, denn es wird als Vorstufe für die Bildung von zwei überaus wichtigen Glückslieferanten benötigt: Serotonin und Melatonin.

Je mehr Tryptophan wir aufnehmen, desto mehr Serotonin und Melatonin können gebildet werden. Tryptophan ist aber nicht nur die Vorstufe zum Glück, es wirkt auch blutdrucksenkend und Schlaf fördernd. Und für viele Menschen ist ein erholsamer Schlaf ein großes Stück Glück. Darüber hinaus gilt Tryptophan als Aufbaustoff von Niacin (Vitamin B3), das den Cholesterinspiegel im Blut senkt. Wieder ein Beispiel dafür, wie eng und faszinierend all die Stoffe in unserem Körper sich gegenseitig bedingen.

Deshalb ist es wichtig, für einen hohen Tryptophanspiegel im Blut zu sorgen, um dem Glück den Weg zu ebnen. Da der Körper Tryptophan nicht selbst aufbauen kann, müssen Sie es ihm zuführen.

Fundgrube Tryptophan

Naturreis, Linsen, Erdnüsse, Sesamsamen und Magerkäse sind gute Tryptophanlieferanten. In Ei- und Molkereiprodukten ist es ebenso reichlich vorhanden.

Etwas Obst nach der tryptophanreichen Mahlzeit hebt den Insulinspiegel. Dadurch wandern die konkurrierenden Proteinbausteine in die Muskeln, während Tryptophan die schmale Brücke zum Gehirn in aller Ruhe allein passieren kann. Dort wird dann umso mehr Serotonin produziert.

Warnzeichen bei Unterversorgung

Energieverlust, körperliche und geistige Schwäche, Verdauungsprobleme, Appetitlosigkeit, mangelnde Belastbarkeit, Depression

Melatonin

Melatonin ist ein Hormon, das in der Zirbeldrüse, einem winzigen Teil des Zwischenhirns, produziert wird. Diese Drüse steuert über die Melatoninausschüttung den Tag-Nacht-Rhythmus des Körpers. Fällt tagsüber Licht ins Auge, wird die Ausschüttung des Hormons ins Blut eingestellt. Nachts, bei fehlendem Lichteinfall, wird Melatonin aus den Speichern abgegeben und kann seine schlaffördernde Wirkung entfalten. Dieses System ist bei Blinden gestört, und gerät auch durch Zeitverschiebungen bei Fernreisen und durch Schichtarbeit aus dem Takt. Bei älteren, unter Schlaflosigkeit leidenden Menschen finden sich niedrigere nächtliche Melatoninspiegel als bei Gleichaltrigen mit ungestörtem Schlaf.

Der Körper stellt mit zunehmendem Alter weniger Melatonin her. Das legt die Vermutung nahe, dass Melatonin das Altern und altersbedingte Krankheiten beeinflusst. Indem Melatonin durch Neutralisierung freier Radikale Zellschäden verhindert und gleichzeitig die Immunantwort stärkt, werden Alterungserscheinungen möglicherweise gemindert. Außerdem nimmt man an, dass Melatonin gegen die Entstehung so unterschiedlicher Erkrankungen wie Krebs oder Arteriosklerose wirkt.

Tipp:

Gute Nacht!
Halten Sie sich an das Sprichwort »Der Schlaf vor Mitternacht ist der gesündeste«. Und schlafen Sie in einem abgedunkelten Raum. So steigern Sie die Melatonin-Ausschüttung.

Phenylalanin

Dieser Stoff gehört zu den acht essenziellen Aminosäuren.

Phenylalanin ist in fünf rasant ablaufenden Stoffwechselschritten unter anderem an der Synthese der Botenstoffe Noradrenalin und Adrenalin beteiligt. Sie sind Überträger von Nervenreizen bei Stressreaktionen aller Art, einschließlich körperlicher Aktivität und Kälteanpassung. Der Herzschlag wird beschleunigt, der Blutzuckergehalt erhöht sich, das Fettgewebe gibt mehr Fettsäuren ans Blut ab. Das gesamte Zentralnervensystem wird aktiviert und die Wärmeproduktion des Organismus gesteigert. So wird eine Verbesserung der Reaktions- und Konzentrationsfähigkeit erreicht. Wir sind präsenter, lebensfroh und optimistisch, bereit, uns allen Herausforderungen zu stellen und sie auch zu meistern.

Fundgrube Phenylalanin
Gönnen Sie sich eine eiweißhaltige, fettarme Mahlzeit, zum Beispiel Meerrettichquark oder Linsensalat mit Zitronensaft angemacht. Dies garantiert gleichzeitig eine ausreichende Vitamin-C-Versorgung. Außerdem empfehlenswert: Eiweißpulver für Kopfarbeiter.

Warnzeichen bei Unterversorgung
Depression, Angstzustände, niedrige Stresstoleranz

Beta-Endorphin

Auch das Hormon Beta-Endorphin wird von Phenylalanin gebildet. Es ist eine Art Überlebenshormon, das Menschen in Momenten allerhöchster Gefahr schützt, indem es schmerzunempfindlich macht und beruhigt. Es kann sogar euphorisch stimmen – sogar im Angesicht der Todesgefahr.

Ein Prosit der guten Laune?
Im Gehirn von Alkoholikern ist der Beta-Endorphin-Spiegel übrigens dreimal niedriger als bei Nicht-Alkoholikern. Mäßiger Alkoholkonsum führt zu einer leichten Erhöhung des Beta-Endorphin-Spiegels

und sorgt damit für Entspannung und Stimmungsaufhellung. Bei chronischem Alkoholkonsum wird allerdings die Beta-Endorphin-Synthese gestört, sodass das bestehende Defizit noch weiter verstärkt wird. Wer trinkt, um sich in Stimmung zu bringen, erzielt langfristig genau das Gegenteil.

Fundgrube Beta-Endorphin
Gönnen Sie sich eine eiweißhaltige, fettarme Mahlzeit, zum Beispiel Meerrettichquark oder Linsensalat mit Zitronensaft angemacht. Dies garantiert gleichzeitig eine ausreichende Vitamin-C-Versorgung. Außerdem empfehlenswert: Eiweißpulver für Kopfarbeiter.

Noradrenalin

Dieses Glückshormon, von Folsäure aufgebaut, ist der Stoff der Erfolgreichen. Noradrenalin in gesunden Grenzen macht positiven Stress zu einem Höhenflug der Gefühle. Ein Mensch mit optimaler Noradrenalinausschüttung ist hoch konzentriert, hellwach und freut sich über die Leistungen, die er erbringt. Für manche Menschen ist das Glück pur: schnell und klar Lösungen finden. Wenn der Organismus das »Hellwachhormon« Noradrenalin bildet, steigt auch gleichzeitig das Kreativitätshormon ACTH.

Tipp:

Für die Folsäure-Aufnahme
Probieren Sie es doch einmal mit schonenden Garmethoden. Kochen Sie Ihr Gemüse nicht tot.

ACTH

Blutdruck und Puls steigen nicht, der Geist ist hellwach – in dem Augenblick, da ACTH in einem optimalen Gemisch durch unseren Körper flutet, sind wir höchst konzentriert und können die schwierigsten Anforderungen erfolgreich bewältigen.

Darüber hinaus kann ACTH zähe Fettablagerungen zwischen den Gehirnzellen wieder auflösen. Ist unser ACTH-Spiegel hoch, können sich die elektrischen Impulse, die unsere Gedanken leiten, ungehindert und blitzschnell durch die Membranfenster von Zelle zu Zelle ausbreiten.

Fundgrube Folsäure (Voraussetzung für ACTH*):*
Essen Sie so oft wie möglich Rohkost.

Warnzeichen bei Unterversorgung
Müdigkeit, früh ergrautes Haar, Darmprobleme, Schlafstörungen, Blutarmut, innere Unruhe

Durch die Ernährung können wir dem Alterungsprozess und Alterserkrankungen enorm entgegenwirken. Dass ein erhöhter Blutzucker und freie Radikale das Altern wesentlich beschleunigen, ist bekannt. Freie Radikale verursachen Zellschäden und führen zur Vergreisung.

Mit fortschreitendem Alter wird unser Organismus immer träger. Viele Produktionen verringern ihre Leistung, ob es sich um Hormone oder andere Vitalstoffe handelt. Und das merken die meisten Menschen im Alter auch, wenn sie sich immer weniger leistungsfähig fühlen. Doch das muss nicht so sein. Wenn Sie Ihre Energiezufuhr reduzieren und ausreichend essenzielle Nährstoffe zu sich nehmen, fühlen Sie sich in jedem Alter fit und verlängern Ihre Lebenserwartung.

Das Wachstumshormon (HGH), zu dessen Aufbau wir Lysin und Arginin brauchen, verzögert das Altern. Mit zunehmendem Alter setzen wir allerdings immer weniger HGH frei. Deshalb ist es so wichtig, die Produktion des Wachstumshormons durch eiweißreiche Kost zu unterstützen, damit die Zellen mit frischem Schwung und der Kraft der Jugend arbeiten können.

Lysin

Lysin fördert das Knochenwachstum und regt die Zellteilung an. Lysin ist am Aufbau von Kollagen beteiligt und unterstützt den Fettstoffwechsel. Es wehrt Viren ab und baut Trypsin auf, das Protein spaltende Enzym der Bauchspeicheldrüse. Und vor allem ist es eine wesentliche Voraussetzung für die Produktion des körpereigenen Jungbrunnens HGH, genauso wie Arginin.

Fundgrube Lysin
Essen Sie bevorzugt Getreideprodukte wie Müsli, Haferflocken und Vollkornbrot.

Warnzeichen bei Unterversorgung
Vorzeitige Alterserscheinungen, Appetitlosigkeit, Blässe, Gewichtsverlust, Darmstörungen

Arginin

Arginin ist eine der wichtigsten Aminosäuren, vor allem für Kinder, für die sie sogar lebenswichtig ist. Bei Erwachsenen kann Arginin im Körper synthetisiert werden und ist im Normalfall dann stets in ausreichendem Maße vorhanden. Es spielt eine entscheidende Rolle bei den Muskelfunktionen, beim Wachstum und beim Heilungsprozess; ferner reguliert und unterstützt es die wichtigsten Komponenten des Immunsystems und hat einen nicht zu unterschätzenden Einfluss auf die männliche Fruchtbarkeit. Im Leberstoffwechsel ist es für die Harnbildung und den Abbau von Ammoniak mitverantwortlich.

Im Körper wandelt sich Arginin schnell in Ornithin und umgekehrt. Daher ist es unter Umständen auch durch Ornithin ersetzbar. Untersuchungen im Rahmen der Sportmedizin haben ergeben, dass durch Arginin die biologische Wertigkeit von Milcheiweiß erhöht werden kann. Doch an dieser Stelle interessiert uns besonders, dass Arginin für das Wachstumshormon HGH unabdinglich ist.

Fundgrube Arginin
Gönnen Sie sich regelmäßig Erdnüsse, Haselnüsse, Mandeln und Linsen.

Warnzeichen bei Unterversorgung
Vorzeitige Alterserscheinungen, erhöhter Blutdruck

HGH – das Wachstumshormon

Es wird in der Hypophyse gebildet. Allerdings nur nachts und nur dann, wenn man nicht mit vollem Bauch und ohne Alkohol im Blut zu Bett geht. Auch das angeblich gesunde tägliche Gläschen Wein dreht dem Jungbrunnen HGH den Hahn zu. Die Studien, die davon schwärmen, dass ein Glas Rotwein das Herz und insbesondere die Herzkranzgefäße schützt, sind fast ausnahmslos von der Weinindustrie in Auftrag gegeben. Sie können Ihr Herz auch mit rotem Traubensaft schützen, davon dürfen Sie sogar mehr trinken als ein Gläschen. Wenn Sie also jung und gesund bleiben möchten, dann beHERZigen Sie folgende Regel: Alkohol weder mäßig noch regelmäßig. Ihre Gesundheit und Lebensfreude werden es Ihnen mit vielen Glücksmomenten danken. Und wenn es denn trotzdem sein muss: Lieber einmal im Monat einige Gläser als täglich ein Gläschen. So haben die Leberregeneration und die HGH-Produktion wenigstens dazwischen eine Chance.

HGH stimuliert unsere Zellaktivität und verleiht uns dadurch jugendlichen Elan und Fitness bis ins hohe Alter. Mit Hilfe eines hohen Wachstumshormonspiegels kann man den Alterungsprozess nicht nur aufhalten, sondern Alterserscheinungen auch mindern. HGH ist ähnlich wie Insulin ein aus Aminosäuren aufgebautes Hormon. Während der Pubertät ist die HGH-Produktion sehr hoch. Ab dem zwanzigsten Lebensjahr nimmt sie ab. Im Alter von sechzig Jahren ist HGH kaum noch nachweisbar – zumindest in unseren Breiten. Chinesen und Japaner, die nachgewiesenermaßen die höchste Lebenserwartung weltweit haben, erfreuen sich auch in reiferen Jahren eines deutlich höheren HGH-Spiegels. Chinesen und Japaner ernähren sich aber auch anders, als wir es gewohnt sind. Und sie bewegen sich mehr.

Das Wachstumshormon HGH steht groß auf den Fahnen der Anti-Aging-Medizin, denn das Anheben des Hormonspiegels signalisiert den Zellen, wieder wie bei einem Zwanzigjährigen zu arbeiten. Früher glaubte man, der Hormonspiegel würde sinken, weil wir altern. Heute steht fest, dass wir altern, weil unser Hormonspiegel fällt. Insofern können wir den Alterungsprozess aufhalten, indem wir unseren Hormonspiegel jung halten.

Das Wachstumshormon lässt einen alten Traum der Menschheit wahr werden: den Jungbrunnen des Lebens. Schon nach drei Wochen Behandlungszeit entwickeln Anti-Aging-Patienten frische Kräfte, sehen jünger aus, ihre Haut wird straffer, Falten bilden sich zurück, der Körper verliert Fett und baut gleichzeitig Muskeln auf, Wunden heilen schneller, und die Patienten fühlen sich rundum fitter. Sogar Osteoporose wird gebremst. Kein Wunder also, dass dieses Hormon in der Anti-Aging-Medizin boomt. Besonders im amerikanischen Palm Springs, besser bekannt als »Wartezimmer Gottes«, stürmen alternde Beaus und Filmstars die Arztpraxen, um sich ihre wöchentliche Ration HGH spritzen zu lassen. So erhalten 60-Jährige wieder einen HGH-Spiegel von 30-Jährigen. Manche versuchen auch so auszusehen.

Ich meine, man braucht keine Hormonspritzen, um Jugend, Glück und Gesundheit auf die Sprünge zu helfen. Mit ein paar Tricks kann man auf die teuren Hormoninjektionen verzichten. So spart man eine Menge Geld, sorgt für die eigene Gesundheit und wird ganz nebenbei auch noch eine Menge Glück erleben.

Tipp:

Natürliche Anti-Aging-Kur

Gehen Sie möglichst früh zu Bett! Nur nachts wird das Wachstumshormon in der Hirnanhangsdrüse produziert und ausgeschüttet. Und in den ersten Nachtstunden ist die HGH-Produktion am höchsten. Das Schlafzimmer sollte kühl und dunkel sein, damit ein weiterer Jungmacher, Melatonin, ebenfalls in höchster Konzentration ausgeschüttet wird.

Vermeiden Sie einen hohen Insulinspiegel am Abend, denn Insulin unterdrückt die körpereigene HGH-Produktion, genauso wie Alkohol. Essen Sie nach 18 Uhr nichts mehr.

Fundgrube HGH

Essen Sie viele Nüsse und Samen.

Warnzeichen bei Unterversorgung

Mangelnder Muskelaufbau, schneller Fettaufbau, verfrühte Alterungsprozesse wie Falten, Gefäßverkalkung, Osteoporose

Teil 3

Glück bewegen

Glück ist die Folge einer Tätigkeit

Noch nie hatten wir so viel Freizeit wie heute. Aber meistens antworten Menschen auf die Anregung, sich mehr zu bewegen, mit dem Satz: »Ich habe keine Zeit«. Da hilft es, einmal eine Woche lang aufzuschreiben, was man so alles in seiner Freizeit macht. Die Auswertung bringt bei jedem Menschen Freiräume ans Licht. Freiräume, die sinnvoll genutzt werden können für ein Plus an Lebensfreude und Gesundheit. Diese Freiräume sind Ihr Ticket zum Glück.

Um glücklich zu sein, müssen wir nämlich aktiv werden. Nicht passiv konsumieren, sondern selber tätig werden. Viele Menschen ziehen es leider vor, andere machen zu lassen. Vielleicht kennen Sie im weit entfernten Bekanntenkreis auch so jemanden: Stundenlang sehen sie im Fernsehen berühmten Sportlern dabei zu, wie sie Rekorde aufstellen. Anstatt selbst zu musizieren, hören sie CDs. Sie vermeiden es, selbst Gefühle zu investieren, und überlassen das Lieben und Leiden lieber den Schauspielern in Kinofilmen.

Solche Secondhanderfahrungen sind keine wirklichen Aktivitäten. Sie machen uns nicht schöner, stärker, glücklicher und gesünder. Sie absorbieren psychische Energie, ohne dafür echte Kraft zurückzugeben. Sie machen uns leer. Saugen uns aus, körperlich und seelisch.

Die tägliche Bewegung vieler Menschen hat sich mittlerweile auf wenige 100 Meter reduziert. An der menschlichen Bauweise hat sich in den letzten 100 000 Jahre aber nichts verändert. Darum sind wir nach wie vor an das Leben des Jägers und Sammlers optimal angepasst. Durch mangelnde Bewegung leidet und degeneriert nicht nur der Bewegungsapparat, auch das Cholesterin steigt in Schwindel erregende Höhen, ganz abgesehen von den Auswirkungen auf das Herz-Kreislauf-System und das Körpergewicht. Unser gesamter Planet wird von einer Pandemie, so nennt man eine Epidemie großen Ausmaßes, von Herz-Kreislauf-Erkrankungen erschüttert, die tödlicher sind als die Pest im Mittelalter, warnt die Europäische Kardiologenvereinigung (ESC). Herzinfarkte und Schlaganfälle sind weltweit die häufigsten Todesursachen, Tendenz steigend. Mangelnde Bewegung führt zu mangelhafter Gesundheit und mangelndem Glück. Bewegung dagegen füllt die Glücksspeicher, und Bewegung hilft dabei, gesund zu werden, wie viele Untersuchungen beweisen. Sogar schwer depressive Menschen entwickeln wieder Lebensfreude, wenn sie zur Bewegung finden. Insofern sollten psychotherapeutische Maßnahmen immer Hand in Hand mit körperlichen Aktivitäten gehen.

»Es ist nicht zu wenig Zeit, die wir haben,
sondern zu wenig Zeit, die wir nutzen.«

(Lucius Annaeus Seneca)

Weltweit gibt es viele Studien, die alle zu dem gleichen Schluss kommen:

Menschen, die regelmäßig Sport treiben, haben mehr Selbstvertrauen, weniger Angst und fühlen sich rundum besser. Sport kostet nichts. Nur Zeit. Aber der innere Schweinehund … Ist der wirklich so groß? Wer füttert ihn eigentlich? Und was, wenn man ihn mal eine Weile auf Diät setzt? Schnell ist er zum Hündchen geschrumpft und bald nur noch ein Hühnchen. Und mit dem wird man spielend fertig, oder?

Beim Sport trainieren Sie Herz und Kreislauf und schütten ganz nebenbei euphorisierende Endorphine aus. Zeit verlieren Sie auch nicht, denn wer aktiv lebt, der schafft auch mehr.

Die Zeit, die Sie mit Sport verbringen, haben Sie klug und Gewinn bringend angelegt. Für Ihr Wohlbefinden in der Gegenwart. Für Ihre Gesundheit in der Zukunft. Wer heute sitzt, bleibt morgen liegen.

Tipp:

Atmen Sie sich glücklich
Beim Joggen wird 100 Prozent mehr Sauerstoff ins Gehirn und in den Körper befördert, und je mehr Sauerstoff, desto mehr Glücksgefühle!

Wenn wir uns bewegen, bringen wir damit automatisch positive Gefühle in Schwung. Sobald Muskeln tätig werden, schüttet das Gehirn vermehrt Hormone wie Serotonin aus. Darüber hinaus sorgen die viszeralen Rezeptoren für gute Laune. Diese »Innensinne« sind im ganzen Körper verteilt. Man kann sie sich wie hoch sensible Fühler vorstellen, die zum Nervensystem gehören und mit denen der gesamte Organismus überwacht wird. Im Normalfall achten wir nicht darauf, was die Fühler uns melden. Sie arbeiten ohne unser Zutun. Sie erspüren den Zustand des Herzens, der Lunge, des Magens wie unbestechlich arbeitende Barometer. Auch die Spannung unserer Muskeln wird überwacht. Unserem Gehirn entgeht nichts. Wenn wir beispielsweise mit kalten Händen angespannt an einer Bushaltestelle stehen, wird das Gehirn diese Signale als Zeichen für Angst interpretieren und darauf reagieren. Kein Wunder, dass wir uns dabei unwohl fühlen – bei Angst fühlt man sich nun mal nicht nach Bäumeausreißen, eher danach, sich hinter Bäumen zu verstecken. Mit einer geschulten Körperwahrnehmung können wir dem Gehirn suggerieren, was wir gerne hätten. Zum Beispiel, indem wir an der Bushaltestelle nicht die Schultern hochziehen und zittern, sondern uns vorstellen, in der Karibik im warmen Sand unter Palmen zu liegen. Bei solch einer entspannenden Fantasie wird das Gehirn garantiert nicht auf die Idee kommen, Angst zu assoziieren, und wir fühlen uns trotz Kälte gut.

Fast könnte es den Eindruck erwecken, wir hätten kaum Einfluss auf unser Befinden und unser Körper und unser Gehirn würden machen, was sie wollen. Das ist nicht richtig. Wir haben sehr, sehr viel Einfluss. Wir müssen nur wissen, wie wir ihn geltend machen können. Wir werden nicht »ferngesteuert« von irgendwelchen Hormonen, geheimnisvollen Zusammenhängen und mysteriösen Vorgängen in unserem Organismus und unserem Gehirn. Wir können diese Zusammenhänge und Vorgänge nachvollziehen und, was noch viel entscheidender ist, aktiv beeinflussen. Wir sind keine Marionetten, sondern Komponisten unseres Lebens, unserer Gefühle, unseres Befindens, unseres Glücks. Wir selbst können unser Glück bewegen, indem wir uns bewegen.

Tipp:

Positive Reflexe trainieren

Es gibt eine Reihe von unbewussten schlechten Angewohnheiten. Zum Beispiel: die Schultern hochziehen. Viele Menschen klagen über einen verspannten Rücken und Nacken. Es ist ihnen dabei nicht bewusst, dass sie in unzähligen Situationen Tag für Tag die Schultern hochziehen und den Nacken verkrampfen. Über die Hälfte aller Kopfschmerzfälle sind reine Spannungskopfschmerzen durch eine unnötig verkrampfte Hals- und Nackenmuskulatur. Die verkrampften Muskeln drücken Blutgefäße ab, bekommen keinen Sauerstoff mehr und produzieren den Müdemacher Nummer 1, die Milchsäure. Kein Wunder, dass so manches Glück »versäuert«.

Wie sieht es an Ihrem Arbeitsplatz aus? Sie verbringen viele Stunden dort und sollten dies nicht in einer ungesunden Haltung tun. Wenn ein Bewegungsmuster einmal eingefahren ist, läuft es wie von selbst.

Schreiben Sie auf kleine Klebezettel »Schultern fallen lassen!« und heften sie an Orte, wo Sie sie oft sehen. Sie werden staunen, wie häufig Sie sich mit hochgezogenen Schultern ertappen!

Machen Sie das Schulternentspannen zu einem Ritual gegen Stress. Zum Beispiel: Jedes Mal wenn Sie beim Autofahren in den

Rückspiegel schauen, kontrollieren Sie kurz die Position Ihrer Schultern und entspannen sie. Oder: Jedes Mal, bevor Sie sich am Telefon melden, überprüfen Sie die Spannung in Ihrem Rücken. Finden Sie selbst Situationen, die Sie möglichst oft dazu bringen, Ihre Problemzonen zu entspannen, sodass sich das neue Ritual bald schon ganz natürlich in Ihre Bewegungsabläufe integriert. Nach vier Wochen können Sie die kleinen Erinnerungszettel wegwerfen. Sie haben neue Reflexe gelernt und kontrollieren durch die neu verknüpften Auslösereize ganz automatisch Ihre Haltung.

Glück ist ein Zustand der Entspannung und des Loslassens – nicht der Verkrampfung. Je besser Sie sich entspannen können, desto mehr Glücksgefühle können Sie auch zulassen.

Atem ist Leben

Die Atmung ist enorm wichtig für unser Glücksvermögen. Unter Anspannung atmen wir ein. Achten Sie das nächste Mal, wenn Sie sich erschreckt haben, auf Ihre Atmung. Sie werden feststellen, dass Sie eingeatmet haben. Das ist ein Reflex aus längst vergangenen Tagen: Der Säbelzahntiger biegt um die Ecke, und der Mensch atmet ein, um eine Extraportion Sauerstoff zu bekommen, damit er ganz, ganz schnell weglaufen kann. Heute erschrecken wir zwar nicht mehr vor Säbelzahntigern, aber vielleicht weil der Abteilungsleiter plötzlich vor uns steht. Oder wir erschrecken, weil wir eine E-Mail geöffnet haben, die wir besser ungelesen entsorgt hätten. Trotzdem laufen wir nicht mehr weg. Wir bleiben sitzen und betreiben heftig Stressatmung. Dabei »raucht« man durch das heftige Einatmen ohne ausgleichende Bewegung vermehrt Kohlendioxid ab, wodurch sich der pH-Wert im Blut verschiebt. Calcium verschwindet aus dem Blut in die Körperzellen und die Nerven liegen blank. Dadurch atmet man noch schneller und katapultiert sich in einen Teufelskreis, der in der so genannten »Hyperventilationstetanie« endet. Panikatmung verkrampft die Muskeln und endet schlimmstenfalls in der typischen Pfötchenstellung der Finger und der horizontalen Lage der betroffenen Person, die dann nämlich umgekippt ist. Wie können Sie hier helfen? Lassen Sie den Patienten in eine Plastiktüte atmen, und der ganze Spuk löst sich »in Luft« auf.

Atem ist Leben. Deshalb sollten wir immer – nicht nur, wenn wir unter Stress stehen – auf unsere Atmung achten und vor allem das Ausatmen nicht vergessen. Gestresste Menschen atmen 15-mal pro Minute, und zwar flach und hechelnd wie ein Hund im Sommer. Entspannte Menschen, zum Beispiel während der Meditation, atmen nur viermal pro Minute. Dafür atmen sie aber tief ein und aus, bis in den Bauch hinein.

Tipp:

Kurzmeditation:
Sie können selbst an sich testen, wie sich das Lebensgefühl sofort ändert, wenn Sie ein paarmal tief und frei atmen. Der leicht fließende Atem entspannt den Körper und die Seele und beruhigt den Geist. Jedes Ausatmen ist ein kleines Stück Entspannung, eine Oase im Alltag, in der wir uns immer wieder erholen können.

Die Glücksmacher in den Beinen

Bewegung und Sport heben nicht nur die gute Laune, sie wirken auch nachweislich antidepressiv. Während es bei den vom Arzt verschriebenen Antidepressiva einige Tage oder Wochen dauern kann, bis Besserung eintritt, spürt man die Wirkung von Bewegung sofort. Auch schwer depressive Menschen fühlen sich nach einem ersten Training wohler. Gut, wenn sie jetzt die Kraft finden, weiterzumachen. Denn so wie eine einzelne Tablette kein Wundermittel bis in alle Zukunft ist, so ist auch das einmalige Training keine Lösung aller Probleme. Aber es ist ein Anfang. Und jetzt heißt es dranbleiben!

Der antidepressive Effekt gilt vor allem für Ausdauersportarten, insbesondere Jogging. Wichtig ist, dass der Puls lange genug erhöht bleibt. Dadurch kann der Körper den Stoffwechsel umstellen und Glückshormone freisetzen. Ein nicht zu unterschätzender Nebeneffekt: Sport verhilft zu Erfolgserlebnissen, die depressiven Menschen oft fehlen, und schenkt uns einen kräftigeren, beweglicheren, ausdauernden Körper, in dem man sich einfach wohl fühlen muss, weil das Gehirn darauf reagiert.

Bewegung ist also ein natürliches Psychopharmakon. Wir tragen die Glücksmacher in unseren Beinen. Und sie haben keine Nebenwirkungen, nur zwei geniale Hauptwirkungen: Gesundheit und Glück.

Selbstverständlich können Sie jede Sportart als Glückslieferant nutzen. Schön, wenn sie im Freien ausgeübt wird. Das wäre dann das Sahnehäubchen für die Glücksgefühle, aber auch Hallensportarten machen glücklich. Hauptsache, Sie bewegen sich. Allein oder mit anderen, mit Menschen oder Tieren, mit Geräten oder ohne, drinnen oder draußen. Jede Bewegung lässt die Glückshormone sprudeln!

Sport steigert auch die geistige Leistungsfähigkeit. Wer immer nur am Schreibtisch sitzt, leistet weniger als ein Mensch, der sich bewegt. Vielleicht haben Sie auch schon die Erfahrung gemacht, dass einem die besten Ideen kommen, wenn man in Aktion ist. Kein Wunder, bei der Sauerstoffdusche, die Sport für unser Gehirn und unseren ganzen Organismus bedeutet. Insofern ist es ratsam, die Arbeit am Schreibtisch immer mal wieder zu unterbrechen. Ich selbst kenne das sehr gut: An manchen Tagen läuft alles wie geschmiert, an anderen Tagen will dagegen gar nichts klappen. Die Gedanken fließen zäh wie Sirup und von der großen Inspiration keine Spur. Ich habe gelernt zu akzeptieren, dass die Arbeit nicht an jedem Tag gleich gut von der Hand geht. An zähen Tagen heißt es für mich: nicht lange fackeln, keine toten Kilometer am Schreibtisch laufen, sondern lebendige Kilometer auf dem Rennrad oder der Joggingstrecke genießen. Oft kommt unterwegs die Inspiration, auf die ich am Schreibtisch vergeblich gewartet hatte. Auch ein kleiner Spaziergang kann schon große Wunder wirken!

Sport beeinflusst das Gehirn positiv, denn die Bewegung führt nicht nur zu einem Wachstum, sondern darüber hinaus zu einer Neubildung von Neuronen. Neuronen sind Verbindungen im Gehirn. Und was nutzen viele Gehirnzellen, wenn sie nicht miteinander vernetzt sind? Da weiß die linke Hirnhälfte nicht, was die rechte tut – und das führt zu Chaos und bringt nichts.

Den Sorgen davonlaufen

In vielen Tests hat man nachgewiesen, dass glückliche Menschen kreativer sind. Sie sind in der Lage, Probleme schneller und auch besser zu lösen. Sie sind nicht blockiert von ihren Sorgen. Sie haben ihre Sorgen zum Beispiel morgens beim Jogging »abgelaufen« und starten dann gut gelaunt in den Tag. Wer wiederum gut gelaunt an eine Aufgabe herangeht, der löst sie mit Schwung und Erfolg. Wer dagegen von Sorgen geplagt wird, bei dem werden sich Schwung und Erfolg nur schwerlich einstellen. Glücklich gestimmt geht einem alles leicht und wie von selbst von der Hand.

Im Regelfall nutzt der Mensch lediglich ein Drittel seines Gehirns. Wichtiger als die Zellen insgesamt ist deren Vernetzung. Und jetzt kommt der Clou: Hirnzellen können durch Bewegung vernetzt werden, und zwar in jedem Alter!

Professor Wildor Hollmann, eremitierter Sportwissenschaftler und Ehrenpräsident des Weltverbandes für Sportmedizin, hat hierzu ein erstaunliches Experiment unternommen: Eine große Gruppe sechzigjähriger Menschen wurde in drei Untergruppen eingeteilt: Die erste Gruppe fungierte als Kontrollgruppe ohne besondere Aufgaben. Die zweite Gruppe absolvierte ein Jahr lang täglich ein dreißigminütiges Gedächtnistraining. Die dritte Gruppe hatte zur Aufgabe, ein Jahr lang täglich eine halbe Stunde stramm spazieren zu gehen. Nach einem Jahr wurde das Ergebnis getestet: Bei der Kontrollgruppe stellte man eine um vier Prozent verringerte Gedächtnisleistung fest. Die zweite Gruppe konnte ihre Gedächtnisleistung durch das tägliche Gedächtnistraining um 20 Prozent verbessern. Die dritte Gruppe, und das war der Knüller, verbesserte ihre Gedächtnisleistung um stolze 40 Prozent, obwohl eigentlich diese nur körperlich und nicht geistig trainiert hatte. Hollmann fand heraus, dass durch die Bewegung der Beine die Vernetzung der Hirnzellen deutlich zunahm. Durch die Bewegung können die Hirnzellen wieder besser kommunizieren. Auch die »Spines«, die Seitenästchen der Neuronen, wuchsen wieder. Spines sind nötig für das Kurzzeitgedächtnis, und dass das gerade im Alter schnell abbaut, wissen wir alle. Wer kennt keinen älteren

Menschen, der anschaulich, mitreißend und phänomenal detailliert Geschichten von vor fünfzig, sechzig Jahren erzählen kann, aber sich nicht mehr erinnern kann, wer gestern zu Besuch da war oder was es zwei Stunden zuvor zum Mittagessen gegeben hat.

Die Vernetzung der Hirnzellen kann noch in jedem Lebensalter stattfinden. Das Gehirn wächst so lange wir leben. Es wächst mit uns, mit unseren Erfahrungen, Hoffnungen, Gedanken und unseren sportlichen Aktivitäten.

Die Vernetzung der Gehirnzellen können Sie übrigens auch mit einer Art Gehirndünger fördern. »Brain derived neurotrophic factor« heißt das Wundermittel, das eine Mischung aus den Aminosäuren Phenylanalin und Tryptophan enthält. PAT ist eine natürliche Nahrungsergänzung, mit der Sie diese Stoffe vermehrt zuführen können (Bezugsquelle im Anhang). Die regelmäßige Bewegung sollten Sie aber trotz des Gehirndüngers nicht vergessen!

Tipp:

Jogging fürs Gehirn

Gewöhnen Sie es sich an, Dinge, die Sie immer mit der rechten Hand erledigen, zwischendurch mit der linken Hand zu tun: sich kämmen, Werkzeug benutzen, eincremen, Federball spielen, schreiben, die Gabel halten etc. Damit fördern Sie die Vernetzung im Gehirn. Ganz nebenbei werden Sie sich auch anders wahrnehmen und ein schärferes Bewusstsein für einfachste Handgriffe entwickeln.

Pianisten haben in der Regel bis ins hohe Alter eine hohe Vernetzung von Gehirnzellen. Sie leiden selten unter Altersdemenz und verfügen über ein hervorragendes Gedächtnis. Kein Wunder: Die große Anstrengung, die das Gehirn leistet, wenn die Hände sich gegenläufig bewegen, ist ein ständiger Anreiz für die Hirnzellen, sich neu zu verbinden.

Anlaufschwierigkeiten überwinden

Sie müssen ja nicht mit Hochleistungssport beginnen. Ob Sie den Dachboden aufräumen oder schwimmen – Hauptsache, Sie bewegen sich. Sie werden sehr schnell merken, dass körperliche Aktivitäten Ihr Leben positiv verändern. Auf einmal haben Sie genug Energie, Ihre Aktivitäten gezielt zu steuern und sich richtig zu bewegen, wodurch Sie Ihrer Gesundheit und Ihrem Glück die besten Voraussetzungen bieten.

Wichtig ist es anzufangen und wenn Sie mit einer Minute schnellem Gehen beginnen. Am nächsten Tag schaffen Sie schon zwei Minuten. Nach zwei Wochen schaffen Sie schon fast eine Viertelstunde! Mit solch einem moderaten Beginn kann jeder Mensch in Bewegung kommen, selbst Patienten nach Herzinfarkt. Setzen Sie sich realistische Etappenziele und ein großes Ziel in der Ferne, auf das Sie hinarbeiten. Es wird Sie motivieren. Zwischendurch dürfen Sie gern auch mal nach den Sternen greifen, aber nicht dort bleiben. Zurück auf die Erde und sich dort auf die nächste Etappe konzentrieren, lautet die Devise.

Übrigens: Schon nach elf Minuten gemächlichen Laufens steigen die Abwehrkräfte deutlich an!

Und dann gibt es da ja noch die körpereigenen Endorphine (Glückshormone), die Schmerzen wegblasen und Sportlern das Gefühl geben, endlos weiterlaufen zu können. Leicht wie eine Feder, strotzend vor Kraft – das pure Glück. »Runners High« wird dieses Gefühl genannt, dem so viele Läufer hinterherjagen. Meistens allerdings zu schnell. Denn nur, wer im aeroben Bereich trainiert, also dort, wo Fett statt Zucker verbrannt wird, trainiert auf

Dauer richtig. Eine Pulsuhr hilft Ihnen dabei, Ihren individuellen Rhythmus zu finden. Der kann sehr langsam sein, ja er sollte es sogar. Also lassen Sie sich Zeit und eine zu hohe Erwartungshaltung zu Hause. Erwarten sollten Sie von sich nur, regelmäßig Sport zu treiben. Aber bitte ohne übertriebenen Ehrgeiz. Niemand verlangt von Ihnen, der oder die Beste zu sein. Also können Sie selbst sich das auch sparen, es würde Sie nämlich bloß stressen. Und wollten Sie sich nicht auch bewegen, um Stress abzubauen? Genießen Sie es. Stecken Sie Ihre Grenze immer wieder neu, und freuen Sie sich an Ihren Fortschritten und den Glücksmomenten, die sich wie von selbst einstellen werden.

Am Puls des Glücks

Orientieren Sie sich am Puls – er sagt garantiert die Wahrheit über Ihre Trainingsintensität.

Ruhepuls-frequenz/min.	Trainingsfequenz				
Alter in Jahren	20-39	40-49	50-59	60-70	>70
unter 50	140	135	130	125	120
50-59	140	135	130	125	120
60-69	145	140	135	130	125
70-79	145	140	135	130	125
80-89	145	140	135	130	125
90-100	150	145	140	135	130

Depressive Menschen denken häufig: Sobald ich mich besser fühle, werde ich mich mehr bewegen. Sie fühlen sich aber nicht besser und warten und warten und warten. So wird es immer schwieriger anzufangen. Auf den richtigen Moment muss man nicht warten – jeder Moment ist der richtige Moment. Und dann geschieht etwas Verblüffendes: Weil sie sich bewegen, fühlen sie sich besser! Obwohl bei sportlicher Betätigung Energie verbraucht wird – man sich sozusagen verausgabt –, bekommt man noch viel mehr zurück: ein Plus an Gesundheit, Kraft, Zuversicht, Freude, Vitalität und Glück. Und ein aktives Gehirn!

Wenn unser Gehirn nicht ausreichend aktiv ist, fühlen wir uns niedergeschlagen. Das Ungünstigste, was wir nun tun können, ist der Rückzug unter die Bettdecke. Damit machen wir alles nur noch schlimmer, denn wie soll im abgedunkelten Raum mit der Bettdecke über dem Kopf das Gehirn Nahrung bekommen? Die Spirale der Depression ist auch im Gehirn zu erkennen: Die Aktivität im linken Stirnhirn ebbt ab.

Nichtstun ist keine Lösung für eine Depression. Nichtstun ist auch keine gute Idee bei schlechter Laune. Die schlechte Laune verschwindet nicht, wenn man nichts tut – ganz im Gegenteil, sie nimmt immer mehr Raum ein. Also besser aktiv werden! Und auf einmal ist die gute Laune da. Es gibt keinen Platz mehr für die düsteren Stimmungen. Sie wurden rausgeworfen, weil der Platz benötigt wurde für den neuen Trainingsplan, den Kauf der Laufschuhe. Für den Termin beim Sportorthopäden, für das Aufräumen der Wohnung, für das Wechseln der Reifen, für einen Brief an Tante Anni. Es ist egal, was Sie tun. Aber tun Sie was!

Depressive Menschen sollten dabei immer klein anfangen. Beginnen Sie nicht mit zu großen Zielen! Sie müssen erst wieder »gehen lernen«, und wenn die Ziele zu weit gesteckt sind, sind Sie zu schnell entmutigt und erst recht wieder deprimiert. Am besten ist es, Ziele genau so zu setzen, dass man sie auch erreichen kann. Das fordert uns heraus und spornt uns an. Stück für Stück nähern wir uns einem Ziel und genießen den Triumph. Mit dieser Methode kann man auch sehr große Ziele erreichen: Etappe für Etappe, und das gilt nicht nur für sportliche Leistungen. Wenn eine Aufgabe genau den richtigen Schwierigkeitsgrad hat, ergänzen sich die Ausschüttung von Dopamin und Opioiden in einem optimalen Cocktail.

Wer sich Aufgaben stellt, die zu einfach zu meistern sind, spürt keinen Ansporn, der dann später zu einer Belohnung führt. Vergessen Sie aber nie, dass die Herausforderungen individuell sind. Für den einen mag es genügen, Fenster zu putzen oder den Keller aufzuräumen – für den anderen beginnt die Herausforderung bei der Besteigung eines Achttausenders, selbstverständlich ohne extra Sauerstoff.

Mit kleinen Schritten zum großen Glück

Egal, wie hoch die Herausforderung ist, der Sie sich stellen: Sie bringen damit Ihre linke Stirnhirnhälfte in Schwung, die für die Stimmungen zuständig ist. Oberflächlich betrachtet haben Sie vielleicht nur ein Fenster geputzt. Doch Sie sind dazu auf die Leiter gestiegen und wieder runter, haben kräftig gescheuert und noch kräftiger mit Zeitungspapier trockengerieben. Mit dieser Tätigkeit haben Sie einen lang gehegten Vorsatz endlich in die Tat umgesetzt. So können Sie sich nun entspannt zurücklehnen und das schöne Erfolgsgefühl auskosten, das die Neuronen in Ihrem Stirnhirn einleiten.

Es ist nie zu spät! Solange Sie leben, können Sie glücklich sein. Auch ein schwer depressiver Mensch kann nicht 24 Stunden am Tag schwer depressiv sein. Es gibt immer wieder Lichtblicke. Nach diesen »Sonneninseln« im Grauschleier der Depression fahndet man bei der Therapie und baut dann ganz bewusst darauf auf. Man hilft den Patienten, die Wolken immer weiter wegzuschieben und verlängert dadurch die hellen Sekunden zu Minuten, zu Stunden, ja später sogar zu ganz normalen Tagen mit den üblichen Ups und Downs.

Starten Sie in eine viel versprechende Zukunft. Gönnen Sie sich und Ihrem Gehirn eine Neuorientierung und warten Sie nicht zu lange, sonst wird die Traurigkeit chronisch wie ein Schmerz, und eines Tages sind Sie schlichtweg traurig, weil Sie traurig sind. Erreichen Sie das Gegenteil: Seien Sie glücklich, weil sie glücklich sind.

Es liegt an uns, wo wir unser Leben ansiedeln möchten, im Dunkeln oder im Hellen.

»Das Glück tritt gern in ein Haus ein,
in dem gute Laune herrscht.«

(Japanisches Sprichwort)

Manche Menschen möchten sich ja schon gerne bewegen – aber dann zwickt und zwackt es irgendwo, und sie hören schneller auf, als sie angefangen haben. Bei vielen sind die Gelenke regelrecht eingerostet. Sie beginnen mit einem leichten Training, und danach haben sie Schmerzen. Schmerz ist ein Signal des Körpers, das ernst genommen werden muss. Aber oft stellt sich der Schmerz als gar nicht so ernst heraus, besonders wenn er von einem »eingerosteten Gelenk« stammt. Bewegungsarmut führt nun mal zu Verkalkung. Wenn ein Gelenk länger inaktiv war, friert es sozusagen in einer bestimmten Position ein. Das Scharnier funktioniert nicht mehr richtig. Kein Wunder, dass es erst mal zwickt und zwackt, wenn man das Scharnier wieder gängig macht. Doch dieser Schmerz hält nur kurz an. Freuen Sie sich, dass Sie das Scharnier noch bewegen können! Sehr schnell wird es wieder mobil und gut geschmiert seine Dienste tun. Radfahren ist besonders gut geeignet, um eingerostete Beingelenke wieder in Gang zu bringen.

Bei hartnäckigen Beschwerden sollten Sie natürlich einen Arzt aufsuchen. Bitte lassen Sie sich dann aber nicht von Ihren neuen Vorsätzen abbringen, wenn der Arzt Sie beispielsweise fragt:

»Was haben Sie denn gemacht, weil Ihr Knie nun plötzlich schmerzt?«

»Ich bin gelaufen.«

»Hören Sie auf damit, Sie merken ja: Es tut Ihnen nicht gut!«

Laufen tut gut! Und wenn es nicht Laufen sein soll, dann eben Walking. Schmerzen sagen Ihnen oft nur, dass Sie etwas falsch machen. Wie sieht es mit Ihrer Fußstellung aus? Tragen Sie die richtigen Schuhe? Wie ist Ihre Laufhaltung allgemein?

Suchen Sie einen Sportmediziner auf und lassen Sie sich in einem Sportfachgeschäft gründlich beraten. So laufen Sie den Zipperlein spielend davon und Ihrem Runners High entgegen.

Eine Phase depressiver Verstimmung ist wie ein Beinbruch. Um dem Bein die zur Heilung nötige Ruhe zu verschaffen, wird es eingegipst. Schon nach kürzester Zeit der Bewegungslosigkeit bauen sich Muskeln ab. Wenn der Gips dann nach ein paar Wochen abgenommen wird, erschrecken die Patienten, so dünn ist ihr Bein geworden. Doch das bleibt nicht so. Bei entsprechendem Training baut sich innerhalb kürzester Zeit die Muskulatur des Beins wieder auf. Wichtig ist immer, dass wir etwas tun, aktiv werden.

Genauso können Sie sich das Glücksempfinden vorstellen. Zeiten des Unglücks wirken wie ein Gips. Sie führen zu einem Schwund. Sobald Sie aber Bewegung in Ihr Leben bringen, bauen Sie Ihr Glück wieder zur Höchstform auf.

»Glück ist die Gesundheit der Seele.«

(Hans Lohberger)

Ihr Weg zum Runners High

Wie oft Bewegung?
Am besten jeden Tag, weil es dann automatisch zu Ihrem Programm gehört. Viermal die Woche sind aber auch schon gut.

Wie lange?

Mindestens eine halbe Stunde. Wer völlig untrainiert ist, beginnt langsam und steigert sich jeden Tag um eine Minute. Nach ein paar Wochen haben Sie die halbe Stunde auf diese Art auch erreicht.

Welche Sportart?

Jogging oder Walking, Radfahren oder Schwimmen sind optimal, weil der Puls konstant oben gehalten wird. Prinzipiell ist jede (Ausdauer-)Sportart geeignet, die Ihnen gefällt.

Wann?

Joggen oder Walking sind günstig gleich morgens nach dem Aufstehen, weil Sie dann noch nüchtern sind und so am meisten Fett verbrennende Enzyme gebildet werden. Außerdem starten Sie fit und wach in den Tag, wenn Sie ihn mit einer Sauerstoffdusche beginnen.

Sollten Sie tagsüber viel Stress haben, empfiehlt es sich allerdings, abends zu laufen. Dabei verheizen Sie zwar zuerst die Reste vom Mittagessen, aber Sie werden auch Ihre tagsüber angesammelten Stresshormone los und können dann entspannt den Feierabend genießen.

Die Seele lüften

Die Sonne geht auf. Ein neuer Tag klopft ans Fenster. Die müden Glieder strecken. Ein bisschen Überwindung kostet es jeden Morgen. Aber nur ein bisschen. Denn wenn man darauf verzichtet, ist der Start in den Tag ein Fehlstart.

In die Sportklamotten schlüpfen. Ein paar Dehnübungen. Und dann geht's los.

Mitten hinein in das Konzert der Vögel. Der Himmel so blau heute. Und die Weizenfelder so weit und erhaben. Oder es nieselt und riecht gut. An den Hochhäusern vorbei. Wie viele Menschen dort wohl wohnen …

Immer weiter. Im eigenen Rhythmus. Viele Gedanken. An gestern, an morgen. Gedanken über das Leben. Das eigene und das anderer Menschen. Wünsche, Hoffnungen, wiederkehrende Bilder. Immer weniger werden die Gedanken. Der vor einem liegende Tag nimmt Gestalt an. Immer klarer wird alles und der eigene Rhythmus ist fast schon ein Fliegen.

Dann ist die Runde gemacht. Der Tag hat begonnen. Der Körper ist fit, der Geist ist hellwach und die Seele ist gut gelüftet. Dies wird ein schöner Tag, ein erfolgreicher, ein glücklicher Tag. Denn Sie haben einen optimalen Start geschaffen.

Teil 4

Die Anatomie des Glücks

Immer auf der Schulbank: das Gehirn

Etwas Schönes geschieht. Ein geliebter Mensch läuft auf einen zu, kleine Kinder spritzen sich mit dem Gartenschlauch nass, die Sonne versinkt als glutroter Ball im Meer, man begreift endlich einen Zusammenhang, nach dem man schon lange gesucht hat. Egal, was es ist, das zum Glück führt.

Glück verändert als Erstes den Körper. Bei einer Vielzahl von Menschen beschleunigt sich der Herzschlag. Das spüren wir natürlich nicht, außer die Freude ist sehr groß, so wie bei frisch Verliebten, die ihr Herz permanent klopfen spüren, wenn sie bloß an den Liebsten oder die Liebste denken. Wiederum ein Beweis dafür, dass wir die Auslöser für das Glücksgefühl nicht unmittelbar erleben müssen. Die Vorstellung genügt, uns glücklich zu machen. Dies ist in vielen Versuchen dokumentiert: Man bat die Versuchsteilnehmer, an etwas Schönes zu denken. Und siehe da: In ihren Gehirnen waren dieselben Zentren aktiv, die auch aktiv waren, wenn die Versuchsteilnehmer sich das Schöne nicht nur vorstellten, sondern es auch erlebten. Das bedeutet, dass wir uns glücklich denken können. Je öfter wir das tun, desto glücklicher werden wir, denn das Glück hat die Eigenschaft durch Gebrauch zu wachsen. Wie das Gehirn.

Tipp:

Gedankenspiele

Trainieren Sie Ihre Glücksfähigkeit durch Phantasiereisen an Ihre Traumorte. Malen Sie sich Ihre Umgebung so detailliert und realistisch vor wie möglich, mit Farben, Gerüchen, Geräuschen, Menschen, Tieren und Pflanzen. Spüren Sie Wärme, Kühle, Wind und Wasser.

Es ist noch gar nicht so lange her, da war man davon überzeugt, dass das menschliche Gehirn sich nach der Pubertät nicht mehr verändern würde. Heute wissen wir, dass die Schaltkreise in unserem Gehirn äußerst wandlungsfähig sind. Sie verändern sich permanent. Ständig werden neue Verbindungen in unserem Gehirn geschaffen, wie es die von hoch empfindlichen Spezialmikroskopen gefertigten Bilder beweisen. Die neuen Verbindungen werden nicht nur durch Schulstoff oder das Lernen einer Fremdsprache geknüpft, sondern auch durch Gefühle. Und diese hoch komplexen Vorgänge in unserem Gehirn wiederum beeinflussen unser Befinden.

Zwischen den Vorgängen in Ihrem Gehirn und Ihrem Empfinden, Ihren Gefühlen, Ihrer ganzen Lebensart besteht eine spannende und hoffentlich expansiv-kreative Verbindung. Sollte die Verbindung nicht so gut sein wie Sie es gerne hätten, konzentrieren wir uns auf die wunderbare Perspektive des lernfähigen Gehirns und knüpfen dort an. Das Gehirn unterscheidet nämlich nicht, ob der Impuls, den es registriert, von einem Gedanken oder einem Gefühl kommt. Es nimmt das wahr, was gerade präsent ist. Nur darauf reagiert es, ohne groß nachzufragen. Das menschliche Gehirn verändert sich nicht nur durch die Erfahrungen, die wir im Laufe unseres Lebens machen. Es verändert sich auch durch die Art und Weise, wie wir mit unseren Erfahrungen und Gefühlen umgehen. Deshalb können wir unser Gehirn neu programmieren, indem wir anders mit unseren Gefühlen umgehen, bewusster, verständnisvoller, positiver. Wir können regelrecht lernen, glücklich zu sein, indem wir das Zentrum in unserem Gehirn stärken, das zuständig für Freude ist, zum Beispiel mit positiven Gedanken, mit gesunder Bewegung und dem richtigen Essen. Und es ist nie zu spät! Jeder kann damit beginnen. Egal, wie alt er ist.

Mit welcher Geschwindigkeit sich das Gehirn verändern kann, zeigt sich eindrucksvoll bei Menschen, die plötzlich erblinden und dann die Blindenschrift erlernen. Man muss zwar einräumen, dass der Teil der Großhirnrinde, in der der Tastsinn beherbergt ist, als besonders wandlungsfähig gilt, dennoch ist es phänomenal, wie sich das Gehirn von Menschen entwickelt, die plötzlich vorrangig auf ihren Tastsinn angewiesen sind.

Unser Gehirn ist in seiner komplexen Leistungsfähigkeit unschlagbar, obwohl es gegenüber einem modernen Computer als lahme Ente bezeichnet werden muss. Ein Computer mit einer Taktfrequenz von einem Gigahertz ist dem menschlichen Gehirn, das ein schlappes Kilohertz Taktfrequenz vorgibt, weit überlegen. Doch im Gegensatz zum Computer beruht die Leistungsfähigkeit des menschlichen Gehirns nicht auf starren Schaltkreisen und Verbindungen. Die feuchte, schwabbelige Gehirnmasse ist lebendig. In der menschlichen Schaltzentrale werden die Verbindungen zwischen Nervenzellen ständig verändert, neu geschaffen oder – bei zu viel Passivität – auch abgebaut. Zudem kann sich die Stärke ihrer Verbindungen über die so genannten Synapsen ständig verändern und sich an die Stärke der Reize anpassen. Diese Plastizität des Gehirns ist die entscheidende Voraussetzung für Lernen und Gedächtnis.

Neue Abbildungstechniken, besonders die Positronen-Emissionstomographen (PET), ermöglichen es, das menschliche Gehirn bei der Arbeit zu beobachten. Wie sieht es im Gehirn eines Menschen aus, der sich freut oder ärgert? Viele Regionen des Gehirns konnten mittlerweile identifiziert werden, vor allem durch die Betreuung von Menschen, die Hirnverletzungen erlitten haben. Einige Aufsehen erregende Fälle finden immer wieder ein starkes Medienecho, wie der Mann, der seine Frau mit einem Spazierstock verwechselt. Durch solche Fehlleistungen kann man erforschen, für welche Eigenschaften ein bestimmtes Hirnzentrum zuständig ist. Genauso wichtig ist die Vernetzung des Gehirns insgesamt. Man hat herausgefunden, dass es ein großer Unterschied für Patienten ist, ob ein Schlaganfall in der rechten oder linken Gehirnhälfte stattfand. Im linken Vorderhirn verletzte Menschen leiden auffällig häufig an Depressionen. In der rechten Gehirnhälfte verletzten Menschen gelingt es häufiger, positive Gefühle zu erfahren.

Auch bei gesunden Menschen ist das Gehirn unterteilt. Positive und negative Gefühle werden von verschiedenen Systemen hergestellt. Es gibt ein Zentrum für positive Gedanken, Gefühle und Wahrnehmungen und ein Zentrum für negative Gedanken, Gefühle und Wahrnehmungen. Werden beide Zentren ungleich versorgt und gefordert, entsteht ein Ungleichgewicht. Wir haben es also in der Hand, wie dieses Ungleichgewicht aussieht. Geht es zu unseren Lasten oder zu unserer Freude? Und das Tolle: Positive Gefühle regen die Nervenverbindungen im Gehirn zum Wachsen an. Das bedeutet, dass wir mit jedem Stück Glück, das wir empfinden, langfristig und dauerhaft ein Stück glücklicher werden.

Wem es gelingt, negative Gefühle zu kontrollieren, der schafft eine gute Basis, Glück zu erleben. Das hat man auch wissenschaftlich erforscht. Untersucht wurden Menschen, für die das berühmte Wasserglas halb voll ist und Menschen, für die das berühmte Wasserglas halb leer ist. Es stellte sich heraus, dass bei den Optimisten, die aus dem vollen Wasserglas trinken, die linke Gehirnhälfte stark angeregt ist. Im Gegensatz zu den Pessimisten, bei deren rechter Hirnhälfte – also derjenigen, die für die negativen Gefühle zuständig ist –, größere Aktivität gefunden wurde. Zeige mir dein Gehirn und ich sage dir, wer du bist. – Wenigstens in dieser Momentaufnahme. Einmal negativ heißt nicht für immer negativ. Positive Gefühle können negative Gefühle eliminieren, wenn das Zentrum für Positives größer ist als das für Negatives.

Bei vielen Menschen ist das Zentrum für negatives Denken überlegen. Das liegt daran, dass sie es sich angewöhnt haben, sich in negative Gefühle hineinzusteigern. Und Beachtung bringt Verstärkung! Es fällt uns leider leichter, Ärger zu kultivieren als Freude.

Der Chor der Ja-Sager

Sie können sich das ganz einfach vorstellen: Nehmen Sie eine beliebige Anzahl stimmlich gleich starker Menschen und unterteilen Sie sie in zwei verschieden große Gruppen. Die eine Gruppe ruft »JA«, die andere »NEIN«. Je nachdem, wie viele Stimmen jede Gruppe aufweist, desto klarer wird das Ergebnis sein. Das Gehirn hört auf die Gruppe, die am schnellsten und lautesten ruft. Sorgen Sie dafür, dass diese Stimmen aus dem Lager des Zentrums für positives Denken und Fühlen kommen!

Zudem sind wir so konstruiert, dass wir negative Gefühle insgesamt intensiver erleben als positive. Wir reagieren auch leichter und schneller und umfassender auf Negatives als auf Positives. Gute Nachrichten werden gerade mal zur Kenntnis genommen, schlechte Nachrichten ausgiebig breitgetreten. Dabei bräuchten wir dieses Verhalten heute gar nicht mehr. Es ist ein Erbe aus grauer Vorzeit, als unsere Vorfahren ständig auf der Hut sein mussten. Mit dem Schlimmsten zu rechnen war seinerzeit eine wichtige Überlebensstrategie. Um das nackte Leben zu retten, war es früher wichtiger, auf den Angriff eines Säbelzahntigers gefasst zu sein als die Schönheit des Sonnenuntergangs zu genießen. Doch heute leben wir nicht mehr von Feinden umzingelt. Wir müssen nicht mehr ständig mit dem Schlimmsten rechnen. Heute steht diese Strategie unserem Glück im Weg. Fast könnte man annehmen, dass sich viele Menschen lieber mit dem Unglück als mit dem Glück beschäftigen, weil sie dem Unglück so viel Raum geben und dem Glück so wenig. Ich glaube, das ist den meisten Menschen gar nicht bewusst. Wenn es ihnen bewusst wäre, würden sie es ändern. Denn genauso, wie wir Negatives in unser Leben einladen, können wir auch Positives einladen – und vielleicht so manches Mal unser Erbe der Evolution überlisten.

No risk, no fun!

Flow ist, wenn alles flutscht

Der Formel-1-Pilot Ayrton Senna fuhr eines Tages im Training gigantische Rundenzeiten. Die Beobachter am Rand der Strecke konnten es nicht fassen. Doch Ayrton Senna bekam nichts davon mit. Er fuhr einfach. War eins mit sich, eins mit seinem Wagen. Es gab nichts, was ihn ablenkte. Er ging völlig auf in seiner Tätigkeit – und fuhr in einer Geschwindigkeit, die es eigentlich nicht geben konnte. Plötzlich wurden Senna seine Rundenzeiten bewusst, und im selben Moment wurde er langsamer. Er fiel aus dem herrlichen Zustand heraus, in dem Denken und Tun eins sind. Solche Momente sind prädestiniert für das Glück einer besonderen Dimension. Man muss nicht Ayrton Senna heißen, um es zu erfahren. Kinder sind oft auch eins mit ihrer Tätigkeit. Wenn Kinder Lokomotivführer spielen, dann *sind* sie Lokomotivführer.

Manchmal stimmt es mich richtig traurig, wenn ich aus dem Haus gehe und mich von meinen Kindern verabschiede. Oft sind sie so gefangen und fasziniert von ihrem Spiel, dass sie meine Worte nicht hören und mich nicht beachten. In diesem Augenblick bin ich für sie gar nicht da.

Man sollte sich tunlichst hüten, diese Versunkenheit von Kindern dann durch Sätze wie »Willst du denn deinem Vater nicht Auf Wiedersehen sagen?« zu stören. Denn in diesen wichtigen Momenten sind Kinder nicht nur rundum glücklich, sondern sie üben gerade so ganz nebenbei die wichtige Fähigkeit der Konzentration für spätere Aufgaben.

Diesen Zustand kann man auch erleben, wenn man mit dem Hund spazieren geht, ein Instrument spielt, ein Beet umgräbt, ein

Buch liest – und plötzlich eins ist mit sich und der ganzen Welt. Zur rechten Zeit am rechten Ort, ganz da und gleichzeitig völlig selbstvergessen.

Flow nennt der Philosoph und Psychologe Mihaly Csikszentmihalyi solche Zustände, in denen Handlung und Bewusstsein verschmelzen. Ein Mensch im Flow-Zustand hat keine dualistische Perspektive. Er ist sich zwar seiner Handlungen bewusst, nicht aber seiner selbst. Und das mündet in ein tiefes Glücksempfinden.

Die drei Voraussetzungen für den Flow:

1. Einen Körper, der uns nicht stört. Denn wenn der Hosenbund nach einem übermäßigen Mittagessen zwickt oder wenn uns der Hexenschuss plagt, wird der Körper immer im Vordergrund stehen und Flow-Erlebnisse vereiteln.
2. Die Fähigkeit zur entspannten Konzentration. Menschen, die regelmäßig meditieren, können das automatisch.
3. Der richtige Kick! Die richtig dosierte Anstrengung, egal ob körperlicher oder geistiger Art. Diese Anstrengung darf nicht zu gering und nicht zu hoch sein. Wer sich unter- oder überfordert, erlebt keinen Flow. Die Kurve der optimalen Schaffenskraft beschreibt nämlich eine Glockenfunktion: geringste Schaffenskraft bei maximaler Entspannung (Schlaf) und wiederum geringste Schaffenskraft auf der anderen Seite der Kurve bei maximaler Anspannung (Panik). In der Mitte, auf dem Gipfel der »Glocke«, werden Flow-Erlebnisse am häufigsten ausgelöst.

Wenn Höchstleistungen erbracht werden, ist immer Flow im Spiel.

Komponisten berichten häufig von diesem Zustand, wenn ihnen ein meisterhaftes Musikstück »wie vom Himmel diktiert« in die Feder fließt. Sie fallen in einen Schaffensrausch, vergessen alles um sich herum, verlieren jegliches Zeitgefühl und »wachen« irgendwann auf und sind dann selbst überrascht von ihrem Werk. Natürlich hat das *nicht* der Himmel diktiert: alles war ja schon drin im Kopf. Aber in diesem wunderbaren Zustand des Flows holt man das absolute Maximum aus sich heraus. Leistungen, die man sich selbst vielleicht gar nicht zugetraut hätte.

Die Wahrnehmung folgt der Vorstellung

Unsere Wahrnehmungen werden geprägt von unseren Stimmungen. Wir nehmen das wahr, was wir fühlen. Wenn wir deprimiert sind, nehmen wir nur die Schattenseiten des Lebens wahr. Unsere Stimmung taucht alles in Grau und Schwarz und macht uns farbenblind, sodass wir nichts Buntes, Helles erkennen können. Wenn wir den Blick dann auf unser eigenes Leben richten, fallen uns fast ausschließlich Situationen ein, in denen uns das Glück nicht gerade verwöhnt hat.

Auch unsere Eltern haben – freilich in bester Absicht – unser Unterbewusstsein auf Negatives programmiert. Der folgende Versuch macht dies deutlich: In einer Wohnung, in der sich eine Mutter und ihr Kleinkind aufhielten, wurde auf Tonband ein ganz normaler Tagesablauf aufgezeichnet. Dann wurde das Tonband ausgewertet in Bezug auf die Häufigkeit von »ja« und »nein«. Es wurde gezählt, wie oft das Kind zu hören bekam: »Das hast du gut gemacht« und wie oft die Mutter mahnte: »Lass das, dafür bist du noch zu klein!« – »Steig nicht da rauf, sonst fällst du herunter!« – »Pass auf, sonst verbrennst du dir die Finger!«. In diesem speziellen Fall war das Ergebnis sechs zu 42. Sechsmal ja, 42-mal nein. In unserer eigenen Kindheit wird das nicht viel anders gewesen sein.

Und auch später in der Schule hat sich nicht unbedingt etwas geändert; die negativen Ereignisse hinterlassen meist deutlichere Spuren als die positiven: Nach der Schmach in der Schule, vor dem Lehrer und den Mitschülern, bekommt ein Kind, das eine schlechte Note geschrieben hat, zu Hause noch zu hören: »Warte nur, bis der Papa nach Hause kommt«, und verbringt den Rest des Tages in banger Erwartung. Ein solcher Rest des Tages kann lang sein. Endlos lang. Viel Zeit, in der negative Synapsen im Gehirn gebahnt werden können, damit es das negative Gefühl das nächste Mal noch leichter hat, sich auszubreiten. Nicht jeder hat das Glück, verständnisvolle Eltern zu haben, die sich selbst noch an eine verpatzte Schulaufgabe erinnern können. Solche Eltern reagieren anders: »Komm mein Kind, davon geht die Welt nicht unter! Jetzt setz dich erst einmal hin und iss einen Teller warme Suppe! Und danach frage ich dich die Vokabeln ab, dann kriegen wir das schon wieder hin.«

Das Gehirn hat einen dienstbeflissenen Charakter: Es sucht hilfsbereit und nimmermüde nach Assoziationen, die zu unserer jeweiligen Stimmung passen. *Mein Mensch ist schlecht drauf, also suche ich ähnliche Erinnerungsstücke, die ihn noch schlechter draufbringen.* Umgekehrt: *Mein Mensch könnte Bäume ausreißen vor Elan, und ich unterstütze ihn mit Zuversicht und Motivation.*

Das Gehirn wertet nicht. Darin ähnelt es einem Computer. Es sortiert lediglich Gleiches zu Gleichem. Das muss man wissen, denn nur dann kann man die nötigen Schritte unternehmen, aus dem Schatten herauszukommen und wieder in der Sonne zu stehen. Wenn wir das schaffen, wird unser Gehirn erneut bemüht sein, Gleiches zu Gleichem zu bringen – diesmal aber – da wir auf einer sonnenbeschienenen Bank mit Panorama auf die Alpen sitzen – wird unsere Wahrnehmung von Schönem geprägt sein, das uns das Gehirn eifrig übermittelt.

Mit diesem kleinen Trick können wir unser Gehirn zu einem zuverlässigen, fleißigen und erfindungsreichen Glückslieferanten machen. Es geht nur darum, den Anfang zu schaffen und uns auf der richtigen Seite zu platzieren: der Sonnenseite des Lebens. Was meinen Sie was passiert, wenn Sie Ihren Tag mit einem Blick in die Tageszeitung beginnen, und erst einmal lesen, was gestern wieder alles in die Hose gegangen ist. Natürlich wird Ihnen an diesem Tag alles Negative auffallen, mit dieser negativen »Brille« können Sie nichts anderes sehen. Umgekehrt, wenn Sie den Tag positiv starten, haben Sie die andere Brille auf, die mit den rosaroten Gefühlen.

Es ist immer wieder verblüffend, wie unbeirrbar die Wahrnehmung unserer Vorstellung folgt. Spannend ist hierbei natürlich auch, wie Herkunft, Kultur, Religion etc. unsere Vorstellung beeinflussen. Man zeigte Versuchspersonen zum Beispiel Fotografien von einem jungen Mann mit Brille, der als Abiturient bezeichnet wurde. Die Versuchsteilnehmer beschrieben den jungen Mann als klug und sehr belesen.

Danach zeigte man den Versuchspersonen Fotos von einem anderen, ähnlich aussehenden bebrillten jungen Mann, der als Sonderschüler bezeichnet wurde. Die Versuchsteilnehmer waren sich einig: Der junge Mann wirke insgesamt schwerfällig. Und sehbehindert sei er obendrein.

Zu diesen Erkenntnissen muss man natürlich erst einmal gelangen. Oft sind es die augenscheinlichsten Dinge, auf die man selbst gar nicht kommt. »Die Fische werden das Wasser wohl als letzte entdecken«, hat Albert Einstein einmal gesagt. Darum sollten wir den wichtigen Kernsatz »Die Wahrnehmung folgt der Vorstellung« nie vergessen und als Filter für unser oft unkontrolliertes Denken nutzen. Sie werden staunen, wie oft Sie sich dabei ertappen können, dass Ihre Wahrnehmung Ihrer Vorstellung folgt.

Vielleicht haben Sie auch schon einmal etwas Ähnliches erlebt: Sie haben sich gerade beim Autohändler ein neues Auto bestellt. Einen schicken Flitzer in Silbermetallic, mit Glasschiebedach und Alufelgen. Sie setzen sich in Ihr altes Auto, und da passiert etwas Seltsames: Auf dem Weg nach Hause wimmelt es um Sie herum von Autos, wie Sie eben eines bestellt haben. Gleiche Marke, gleiche Farbe, das gleiche Schiebedach und – es ist wie verhext – genau die gleichen Alufelgen. Wo waren diese Autos eigentlich vorher? Psychologen nennen das »selektive Wahrnehmung«. Frauen, die vor kurzem erfahren haben, dass sie schwanger sind, berichten, dass plötzlich auf der Straße ausschließlich Frauen mit Kinderwägen oder dicken Bäuchen unterwegs sind. Und wer mit dem Gedanken spielt, ein Windspiel am Balkon aufzuhängen, wird den Eindruck haben, es gäbe in der ganzen Stadt kaum ein Haus ohne Windspiel am Balkon ...

Die erste Sekunde entscheidet

Kennen Sie das englische Sprichwort: »You never have a second chance to leave a first impression«? Unser Unterbewusstsein arbeitet höchst subjektiv. Wenn Sie einen Menschen kennen lernen und der erste Eindruck positiv ist, dann tickt es ab jetzt im Unterbewusstsein: »positiv, positiv, positiv« für den neuen Bekannten. Die negativen Signale, die zweifelsohne auch da sind, werden herausgefiltert. Umgekehrt gilt genauso: Wenn der erste Eindruck negativ ist, holt man das nie wieder auf. In einem Bewerbungsgespräch entscheidet die erste Sekunde, wenn der Bewerber zur Tür hereinkommt, über seine Zukunft in diesem Unternehmen. In der ersten Sekunde entscheidet irgendwas im Bauch des Personalchefs – nicht in seinem Hirn! – über Sympathie oder Antipathie. Und dieser Wahrnehmung folgt die Vorstellung. All die guten Zeugnisnoten sind nichts wert, wenn es im Unterbewusstsein des Personalchefs nur »negativ, negativ, negativ« tickt.

Klassische Konditionierung

Viele unserer Handlungen werden durch unser Unterbewusstsein, nicht durch unser Bewusstsein eingeleitet. Wir merken erschreckend selten, was eigentlich abläuft. Nur fünf Prozent unseres Lebens verbringen wir in einem bewussten Zustand. Zu 95 Prozent werden wir von unserem Unterbewusstsein regiert.

Nicht wir denken, ES denkt. Gedanken kommen, wenn die Gedanken es wollen, nicht wenn wir es wollen. Versuchen Sie es selbst: Denken Sie jetzt bitte nicht an gelbe Nilpferde, die gerade bergsteigen. Alle quietschgelb, mit Wanderstiefeln und Rucksäcken auf dem Rücken. Aber das kann Ihnen egal sein, weil Sie jetzt bitte eben genau nicht an gelbe Nilpferde denken, die in einer Reihe hintereinander bergauf marschieren.

Und – zu welchem Ergebnis hat der Versuch geführt? Ihre Gedanken haben sich selbstständig gemacht? Sie haben, obwohl Sie es nicht wollten, an die Nilpferde gedacht? Sie befinden sich damit in bester Gesellschaft, denn so geht es den meisten Menschen. Auch ich selbst ertappe mich immer wieder dabei, wie ES denkt. Wir haben also eine Menge zu tun!

Tipp:

Belauschen Sie sich selbst

Wollen Sie selbst einmal testen, in welchem Verhältnis Sie Positives und Negatives in Ihrem Unterbewusstein abgespeichert haben? Dann hören Sie einmal hinein in Ihren »inneren Dialog«. Dieser innere Dialog läuft rund um die Uhr, sogar jetzt, während Sie diese Zeilen lesen. Wenn man abgelenkt ist, hört man ihn nicht, aber er verstummt nie. Er läuft sogar weiter, während Sie schlafen, und erst recht, wenn Sie träumen. Kinder tragen diesen inneren Dialog noch laut aus, wenn sie alleine im Zimmer sitzen und spielen. Ab dem Schulalter beginnt man, den inneren Dialog zu internalisieren. Dieses innere Zwiegespräch hören Sie am besten, wenn Sie im Bett liegen und nicht gleich einschlafen können. Wie oft liegen Sie unter der Bettdecke und freuen sich darüber, was für ein schönes Leben Sie haben? Und wie oft können Sie gar nicht einschlafen vor lauter Richten und Rechten mit Gott und der Welt? Schreckliche Gedanken immer schrecklicher machen, das bezeichnen die Amerikaner mit dem Wort »awfullizing«. Oft ist es das alte »Pass auf, dafür bist du noch zu klein!« von früher – nur jetzt mit eigenen und erwachseneren Worten. Wer innerlich deutlich mehr Negatives als Positives vor sich hin murmelt, der hat auch mehr Negatives abgespeichert.

Unser Bewusstsein, der Intellekt, Ratio oder Verstand, wie auch immer Sie es nennen mögen, ist gerade einmal die Spitze des Eisberges, welche aus dem Wasser ragt. Riesengroß und unsichtbar ist dagegen der Teil des Eisbergs unter der Wasseroberfläche, unser Unterbewusstsein. Das Unterbewusstsein sagt uns, wo es langgeht, nur selten entscheidet das Bewusstsein. Stellen Sie sich vor, die Spitze des Eisberges würde dem Eisberg befehlen: Schwimm nach Osten! Die Strömung des Wassers kommt aber aus dem Osten. Wer wird gewinnen? Die Spitze des Eisberges oder der Anteil unter Wasser?

Genauso verhält es sich im täglichen Leben. Darum schaffen es auch die meisten Menschen nicht, langfristig mit ihren fünf Prozent Intellekt gegen 95 Prozent Unterbewusstsein anzukommen.

Mit Verstand, viel Disziplin und Mühe schafft man es vielleicht vier Wochen lang, eine Diät durchzuhalten. Aber danach prägt das Unterbewusstsein das Essverhalten erneut, und der Kreislauf beginnt von vorne. Denn was vorher falsch war zu essen, ist auch nach der Diät falsch zu essen. Das Bewusstsein weiß das sehr wohl, aber nach vier Wochen ist seine Überzeugungskraft erlahmt und das Unterbewusstsein diktiert mit seinen geheimen Sehnsüchten erneut den Speiseplan.

Folgendes psychologische Experiment veranschaulicht diese klassische Konditionierung, die wir alle von Pawlows Hundeversuchen kennen, sehr gut: Viele dicke Menschen haben – so vermutet man – einen Glaubenssatz, der tief im Unterbewusstsein verankert ist. Und dieser unselige Satz lautet: »Iss den Teller leer!« Wohlmeinende Eltern, gerade die aus der Nachkriegsgeneration, haben diesen Satz schon früh bei ihren Kindern angelegt und durch vielfache Wiederholungen und Affirmationen im Unterbewusstsein verankert. Bei Kindern geht das besonders schnell, erst recht, wenn positive oder negative Verstärkung, sprich Lob oder Tadel, mit ins Spiel gebracht werden.

Irgendwann ist der Satz dann drin im Unterbewusstsein und von nun läuft ein Automatismus ab. Das Großhirn wird ausgeschaltet, sobald die Augen einen vollen Teller erspähen.

In diesem Experiment wurden 50 dicke Menschen unter einem Vorwand zum Essen eingeladen. Zu essen gab es in diesem Versuch eine Tomatencremesuppe. Was die Teilnehmer nicht wussten: Zu jedem Teller lief unter dem Tisch eine versteckte Pipeline und für jeden gegessenen Löffel floss ein Löffel nach. Der unbewusste Befehl »Iss den Teller leer« war so mächtig, dass die Probanden durchschnittlich dreieinhalb Teller Suppe aßen, bis sie endlich skeptisch wurden.

Im Kontrollversuch mit 50 dünnen Menschen fiel den Probanden bei gleicher Versuchsanordnung schon nach anderthalb Tellern auf, dass hier etwas nicht stimmte.

Beispiele für diese Konditionierungsmechanismen gibt es unzählige: Mitten im Winter in einem pollenfreien Raum bekommt der Allergiker einen Asthmaanfall, wenn man ihm Bilder von blühenden Wiesen zeigt. Der Mechanismus Blüten sehen und Asthma bekommen hat sich über die Jahre ins Unterbewusstsein eingegraben. Im Mundwinkel einer Frau erblüht ein Herpes, sobald ihr Blick auf ein schmutziges Weinglas fällt etc.

Wenn man diesen Mechanismus einmal durchschaut hat, kann man die Konditionierung aber auch gezielt für sich arbeiten lassen. Es gibt sehr viele positive Beispiele, wie man durch das umprogrammierte Unterbewusstsein wieder gesund werden kann oder auch sonst sein Leben nachhaltig verändern kann.

Ich nenne diese Technik »Leben mit Servolenkung«. Die Big Points des Lebens werden im Unterbewusstsein verankert, und ab dann brauchen wir uns persönlich nicht mehr darum zu kümmern. Das unermüdliche Unterbewusstsein übernimmt die ganze Arbeit, es schuftet sogar für uns, während wir schlafen.

Teil 5

Mentalhygiene

Wir tragen unser Glück in uns selbst

Alles, was wir denken, bewirkt etwas. Wir können positiv denken, um eine positive Wirkung zu erzielen, und wir können negativ denken und eine negative Wirkung erzielen.

Das Gleiche gilt für unsere Gefühle. Positive Gefühle führen zu schönen Erlebnissen, negative Gefühle zu Enttäuschungen. Die Welt, die wir im Außen erfahren, ist ein Spiegel unserer Innenwelt.

Tipp:

Skeptisch?
Wie wäre es mit einem Selbstversuch? Nehmen Sie ein paar Tage oder eine Woche lang ganz bewusst das Schöne und Gute in Ihrem Leben wahr. Achten Sie auf die kleinen Freuden und lächeln Sie öfter. Wir bekommen zurück, was wir zu investieren bereit sind. Was Sie Gutes tun, kommt zurück. Was Sie Schlechtes tun, kommt auch zurück – und zwar in diesem Leben.

Das Positive auszuprobieren kostet nichts. Versuchen Sie es doch mal!

Neue Forschungsergebnisse lassen keinen Zweifel daran, dass unsere Gefühle auf unsere körperlichen Befindlichkeiten reagieren. Egal, welches Gefühl wir empfinden – ob Glück oder Niedergeschlagenheit, Hoffnung oder Freude – es ist immer ein Resultat der Signale, die das Gehirn vom Körper empfangen hat. Unsere Freude und unser Glück entstehen nicht im Gehirn und werden nicht von dort aus im Körper verteilt, es ist umgekehrt: Unser Gehirn reagiert mit der Ausschüttung von Hormonen auf das, was unser Körper vorgibt. Somit ist unser Körper der Dirigent und unser Gehirn das Orchester.

Es ist wesentlich leichter, den Dirigenten (unseren Körper) zu beeinflussen, als das ganze Orchester. Man kann ihn zum Essen einladen, ihn mit der Aussicht auf einen Urlaub anspornen, ihm Komplimente machen und eine Massage anbieten. Es ist nicht allzu schwierig, alles dafür zu tun, dass es unserem Körper gut geht. Der so umsorgte und gehätschelte Dirigent wird gar nicht anders können, als sich wohl zu fühlen und in allerbester Laune zu sein. Diese Sommersonntagslaune wird das Orchester (unser Gehirn) schon beim ersten Blick auf den Dirigenten wahrnehmen. Ein Ruck wird durch die Reihen der Musiker gehen, und der Funke wird überspringen. Der Körper steckt das Gehirn an mit seinem Schwung, seiner Vitalität, seiner Entspannung und Spannung, seiner Dynamik und Kraft, seiner Lebensfreude und Virtuosität. Das Orchester paukt und geigt und flötet und trompetet und bratscht und klarinettet und posaunt und fagottet völlig befreit und losgelöst. Alle Instrumentalisten (Gehirnzentren) geben ihr Bestes und spielen miteinander in einzigartiger Harmonie. Und sie schütten ihre künstlerischen Füllhörner (Glückshormone) immer wieder aus.

Im Saal sitzt unsere Seele als Zuhörer. Der Zuhörer ist begeistert von der Darbietung. Der Aufwand hat sich tausendfach gelohnt: finanzielle Ausgaben (Glück essen), Zeit (Glück bewegen) und Willenskraft (Glück denken) haben dieses Konzert erst möglich gemacht.

Was für ein wunderbarer Abend! Eine gelungene Sinfonie aus Körper, Geist und Seele, die Verschmelzung von Dirigent, Orchester und Publikum. Ein Abend, der noch lange vorhält. Ein Abend auch, der die Kraft zur Veränderung in sich trägt. Denn jedes positive Erlebnis, das wir uns gönnen, stärkt unsere positiven Kräfte.

Nehmen Sie Ihren Körper ernst! Er ist Ihr Glückslieferant. Seien Sie gut zu ihm. Verwöhnen Sie ihn. Nicht nur mit gesundem Essen. Bringen Sie ihn mit Sport in Form. Er wird es Ihnen mit seinem Orchester tausendfach vergelten. Hören Sie schon die Fanfaren aus den Glückshörnern?

Die Welt ist, wie wir sie uns denken

Wir haben die wunderbare Fähigkeit, uns selbst glücklich zu machen – unabhängig davon, was tatsächlich um uns herum geschieht. Wie wir das, was geschieht, erleben, ist einzig und allein von unserer inneren Einstellung abhängig. Und die können wir verändern, denn wir können unser Denken ganz gezielt beeinflussen.

Viele Menschen machen sich lustig über das so genannte positive Denken. Das zeigt zum einen, dass sie nicht informiert sind über die Arbeitsweise des menschlichen Gehirns. Zum anderen zeigt es, dass sie die Philosophie des positiven Denkens nicht richtig verstanden haben. »Positiv« zu denken bedeutet nicht, Negatives komplett auszublenden. Die Philosophie des positiven Denkens beginnt dort, wo wir Gefahr laufen, unsere Programme abzuspulen, unbewusst und automatisch.

Natürlich sollen und dürfen Sie trauern und sich ärgern, mal grantig sein oder enttäuscht oder demotiviert oder sich ungerecht behandelt fühlen. Aber Sie sollen nicht in diesen Gefühlen verharren. Ihre Lebensschallplatte soll nicht immer an denselben Stellen hängen bleiben, weil dort Ihre individuellen Kratzer sind. Ihre Lebensschallplatte soll die ganze Bandbreite der Weltmusiken spielen, weil Sie selbst bewusst und lebendig sind und Kratzer schwungvoll überspringen können, wann immer Sie das wollen. Dazu gibt es die Technik der Gedankenkontrolle. Das ist etwas anderes als Verdrängung. Wer kontrolliert, hat Macht. Wer verdrängt, hat keine Ahnung.

Wir Deutschen sind Weltmeister im »Schrottplatzfilmen«. Wir richten unsere Objektive mit Vorliebe auf Gedankenmüll, schlechte Nachrichten, schlechte Prognosen, schlechte Stimmungen. So drehen wir unseren Lebensfilm und wundern uns, dass das Leben nicht so positiv ist, wie wir es uns eigentlich gewünscht haben. Aber wen wundert das, wenn wir unsere sensible Software Gehirn mit viel Negativem füttern? So kann im täglichen Leben auch nichts Positives herauskommen. Mit einem kleinen Schwenk zur Seite würden wir das Alpenvorland voller sattgrüner Wiesen und brauner Kühe und Geranien an Holzbalkonen sehen. Den Schwenk zur Seite machen wir aber nicht, wir filmen weiter Schrottplätze. Und Schrottplätze machen niemanden glücklich.

Es fängt morgens schon an: zum Frühstück die Tageszeitung. Schlechte Nachrichten in Schwarzweiß. Schöner Tagesbeginn, zu erfahren, welche Katastrophen es gestern wieder gegeben hat! Auf dem Weg zur Arbeit dann die Nachrichten aus dem Autoradio. Schlechte Stimmung akustisch. Im Job werden die schlechten Nachrichten mit anderen ausgetauscht und womöglich über Internet und weitere Radionachrichten kräftig vermehrt. So weiß man mittags in der Kantine wenigstens, worüber man reden soll. Abends gibt es die schlechten Nachrichten dann live und in Farbe – zeitversetzt auf mehreren Kanälen hintereinander. Übrigens: Nachrichten sollen heute in erster Linie gar nicht mehr informieren. Sie sollen uns unterhalten.

Derartig eingestimmt kann man gar nicht mehr anders: Man sieht in allem nur das Schlechte, das Gehirn gibt seinen passenden Senf dazu, und so filmt man weiter fleißig Schrottplätze und würzt sie mit den Zutaten, die das Gehirn großzügig offeriert – freundlich und diensteifrig bietet es die Geschmacksrichtungen an, von denen es annimmt, dass sie zu unserer Stimmung passen.

»Nur« positiv denken ist keine Lösung, wobei ich den Menschen kennen lernen möchte, der das tatsächlich schafft. Es geht vielmehr darum, dass uns schlechte Nachrichten, die wir bloß konsumieren, schwächen. Sie bringen uns schlecht drauf und nicht weiter, weil sie uns meistens keine Möglichkeit zum Handeln lassen. Wir können sie nur irgendwie wegstecken. Wer von einem Erdbeben liest und dann für die Opfer spendet, hat gehandelt. Wer von Katastrophen liest, ohne darauf zu reagieren, stumpft ab und wird langfristig gesehen bestraft: mit einer resignativen Haltung und einem Verlust an Lebensfreude, denn Lebensfreude und Aktivität gehören zusammen.

Wer ein schönes Leben haben möchte, beschäftigt sich mit schönen Dingen und trägt dafür Sorge, dass die Dinge, die nicht so schön sind, schöner werden. Am meisten können wir in unserem unmittelbaren Umfeld tun. Doch brauchen wir Energie, um etwas bewirken zu können. Sich zehnmal täglich schlechte Nachrichten anzusehen, raubt uns Kraft, die wir in unserem eigenen Leben positiv einsetzen könnten. Für uns und für andere.

»Deine erste Pflicht ist es, dich selbst glücklich zu machen. Bist du glücklich, so machst du auch andere glücklich.«

(Ludwig A. Feuerbach)

Wir können nicht überall dort helfen, wo es nötig ist. Deshalb brauchen wir uns auch nicht stündlich neu über das Elend in der Welt zu informieren. Aber wir können uns ein Bewusstsein dafür schaffen, dass wir Gefahr laufen, das Leid anderer Menschen zu konsumieren. Und wir können den Nachrichten einen Stellenwert in unserem Leben geben, der ihnen gerecht wird: Einmal täglich genügt! Das können wir »verkraften«. Information ist wichtig, keine Frage. Keiner soll mit Scheuklappen durchs Leben laufen. Aber bitte nicht überdosiert. Es macht die schlechten Nachrichten nicht besser, wenn wir sie fünfmal hören und sehen.

Überlegen Sie einmal, wie oft Sie die Flugzeuge am 11. September 2001 ins World Trade Center haben einschlagen sehen? 50- mal, 100-mal? Es gab noch lange Zeit danach keine Berichterstattung in den Medien, die ohne diesen grausamen visuellen Aufmacher ausgekommen ist. Ich finde es schon schrecklich genug, diesen Terrorangriff einmal gesehen zu haben. Aber immer wieder und wieder wurden die Bilder monatelang unermüdlich gezeigt. Die Flugzeuge schlugen nicht nur in die Türme ein, sie schlugen genauso in unser Unterbewusstsein ein.

Auch Gewaltfilme vergiften unsere Seele und lassen uns abstumpfen. Die Spirale dreht sich dann unaufhörlich weiter, immer tiefer runter. Der nächste Film muss noch brutaler sein, um uns wieder eine Gänsehaut über den Rücken zu jagen. Und selbst wenn bestimmte Filme von hoher künstlerischer Qualität und historisch wertvoll sind, beispielsweise *Schindlers Liste*, so würde ich sie mir freiwillig nicht anschauen. Ich weiß, dass nicht jeder meine Auffassung teilt. In meinen Seminaren wird oft heftig und kontrovers über dieses Thema diskutiert. Jeder muss seine Entscheidung natürlich selber treffen, aber man sollte wenigstens darüber nachgedacht haben.

Grundsätzlich sollten negative Gedanken bewusst wahrgenommen und als das identifiziert werden, was sie sind: Lebensfreudedämpfer. Ohne weiter auf sie einzugehen, sollte man mit dem fortfahren, was man gerade tut und sich von ihnen nicht den Tag verderben lassen. Denn je länger Sie sich mit negativen Gedanken beschäftigen, desto tiefer lassen Sie sie in sich hinein. Desto mehr Einfluss gewähren Sie ihnen. Und desto wahrscheinlicher wird es, dass Ihr negatives Hirnzentrum wächst. Also laden Sie die negativen Gedanken nicht noch zusätzlich zum Dinner ein. Es reicht, wenn Sie sie wahrnehmen.

Es wird eine Weile dauern, doch dann werden die negativen Gedanken Sie nur noch selten belästigen. Sie haben dann nämlich gemerkt, dass sie bei Ihnen nicht landen können. Sie werden es ungemütlich und unwirtlich bei Ihnen finden. Das kann Ihnen nur recht sein! Langfristig gesehen werden Sie damit das Zentrum für Positives in Ihrem Gehirn zum Gedeihen bringen, und Ihre Glücksernte wird üppig sein!

Tipp:

Werden Sie Glücksbote!

Negative Erfahrungen werden im Schnitt 46-mal weitererzählt. Positive Erfahrungen dagegen nur sechsmal. Vielleicht ist Ihnen auch schon aufgefallen, wie gern schlechte Nachrichten verbreitet werden – und wie selten gute. Kontrollieren Sie sich selber einmal, ob das auch bei Ihnen zutrifft. Sind Sie Teil der Lösung, oder sind Sie Teil des Problems? Machen Sie es sich zur Gewohnheit, jeden Tag mindestens eine gute Nachricht zu verbreiten. Sie werden staunen, wie viele gute Nachrichten dadurch zu Ihnen zurückkehren!

Beachtung bringt Verstärkung

Wenn ein körperlicher Schmerz sich nach sechs Wochen nicht gebessert hat, spricht man von chronischem Schmerz. Besonders Patienten mit Rückenschmerzen leiden oft unter chronischen Schmerzen. Das Heimtückische am chronischen Schmerz ist, dass er sich verselbstständigt. Der Schmerz beißt sich im Körper fest, und es wird eine Schonhaltung eingenommen, die das Krankheitsbild verschlimmert – ein Teufelskreis, der nur sehr schwer zu durchbrechen ist. Ein typisches Beispiel für chronischen Schmerz ist der Tennisarm. Oft hilft hier nur noch eine komplizierte und sehr unangenehme Operation, bei der der Muskel durchtrennt werden muss.

Ohrgeräusche neigen auch dazu, chronisch zu werden. Das Krankheitsbild Tinnitus nimmt in den letzten Jahren immer mehr zu. Manche verzweifelte Patienten haben sich in ihrer Not den Hörnerv operativ durchtrennen lassen. Und als sie aus der Narkose aufwachten, begleitete sie ihr Ohrgeräusch noch immer. Es hatte sich verselbstständigt, wie ein chronischer Schmerz.

Es ist schwer, trotz chronischer Schmerzen glücklich zu sein – doch es ist möglich, indem man lernt, den Schmerz zu entmachten, denn Beachtung bringt Verstärkung.

Viel besser noch ist es, einer chronischen Erkrankung vorzubeugen, die dem Glück im Wege steht. Auch dem chronischen Unglück, unter dem viele Menschen leiden, sollte vorgebeugt werden. Vielleicht kennen Sie auch so jemanden? Einen angeheirateten Onkel dritten Grades oder eine alte Großtante? Menschen, an denen das Pech förmlich zu kleben scheint. Menschen, die bei allem, was sie beginnen, vom Unglück verfolgt zu sein scheinen.

Menschen, die nie auf einen grünen Zweig kommen. Chronisch Unglückliche also, die sich vielleicht auch noch dazu berufen fühlen, allen und überall ihr Unglück zu klagen – und die nicht einmal ahnen, dass sie mit dieser Klage ihr Unglück vertiefen. Beachtung bringt Verstärkung! Mit jedem Satz, mit dem sie sich weiter in ihr Unglück hineinsteigern, vertiefen sie die Speicher ihrer negativen Empfindungen und setzen dabei Unmengen von Staub und Mikropartikeln frei, die ihnen dann weiterhin die Laune verderben. Kein Wunder, dass auch in Zukunft alles schief gehen wird, oder?

Wecken Sie das Bewusstsein der Betroffenen für diese Zusammenhänge. Erklären Sie ihnen, dass der Weg ans Licht nicht über das weitere Bohren in der Vergangenheit führt. Ermutigen Sie sie zu einer Richtungsänderung! Sie berufen sich damit auf die neuesten Erkenntnisse aus der Hirnforschung. Man hat zweifelsfrei festgestellt, dass das Verharren in Niedergeschlagenheit zu weiteren Niederschlägen führt. Wer trotz Regen aufbricht, wird die Sonne finden. Das ist ein Naturgesetz!

Vielleicht laden Sie den Onkel oder die Großtante zu einem gesunden Essen mit einem anschließenden Spaziergang ein, als Erste-Hilfe-Maßnahme. Wetten, danach geht es ihnen schon ein bisschen besser?

Es ist wichtig, den Kreislauf aus negativen Gedanken zu unterbrechen. Am besten lange bevor er chronisch wird. Aber auch wenn negative Gedanken sich schon festgefressen haben, kann man den seelischen Tinnitus zum Schweigen bringen. Wenn man es selbst will und den Mut hat, seinem Schicksal zu vertrauen.

Tipp:

Ihre Zauberformel

»Beachtung bringt Verstärkung.« Konzentrieren Sie sich auf etwas Schönes, zum Beispiel in der Natur, oder auf ein besonderes Erfolgserlebnis, das Sie kürzlich hatten. Merken Sie, wie Sie das Wohlgefühl in sich verstärken?

Genauso, wenn Sie sich etwas Unschönes vorstellen – zum Beispiel wie Sie durch die Führerscheinprüfung gefallen sind oder der Chef Sie vor allen anderen Mitarbeitern bloßgestellt hat: Merken Sie, wie sich Unwohlsein ausbreitet? Dann schnell zurück zu den angenehmen Bildern. Lassen Sie sich dort nieder. Beachtung bringt Verstärkung!

Positives Denken – eine Frage des Trainings

Viele Menschen liegen nachts wach und »hirnen«. Dabei gehen ihnen keine schönen Bilder durch den Kopf. Sie könnten ja auch vom letzten oder nächsten Urlaub träumen. Doch wenn Menschen hirnen, dann malen sie sich aus, was alles schief gegangen ist, was schief gehen könnte, was schief gehen wird, wo sie versagt haben und wo sie versagen werden. Das werden sie dann wohl auch, bei einer dermaßen gründlichen Vorbereitung.

Ich schlage ein Trainingsprogramm zum positiven Denken vor, mit dem Sie gleichzeitig die Fähigkeit der linken Stirnhirnhälfte trainieren, negative Emotionen schnell in den Griff zu bekommen. Je besser diese Fähigkeit ausgebaut ist, desto schneller verschwinden Gefühle und Gedanken, die einem die Lebenssuppe versalzen.

Tipp 1
Vergessen Sie nicht: In Wirklichkeit denken nicht Sie. Sie denken nur, dass Sie denken. »Es« denkt. Die Gedanken haben sich unabhängig gemacht, und Sie haben es gar nicht gemerkt! Der innere Dialog läuft immer, ohne dass Sie daran beteiligt sind. Identifizieren Sie sich nicht damit, lassen Sie sich nicht davon aus dem Konzept bringen. Es hat nichts mit Ihnen zu tun. Vor allem sollten Sie diese Hirnereien nicht beachten. Sie wissen ja: Beachtung bringt Verstärkung.

Tipp 2
Mindestens einmal am Tag sollten Sie den inneren Dialog stoppen. Dabei hilft Bewegung wie zum Beispiel Jogging, eine Be-

schäftigung, die Sie begeistert und herausfordert, oder Meditationstechniken. Eine besonders effektive Technik können Sie in meinem Seminar »Power your Life« lernen.

Tipp 3
Üben Sie die Fähigkeit, Dinge von zwei Seiten zu betrachten. Es gibt immer eine positive Betrachtungsweise – auch wenn es eine Weile dauert, bis man sie erkennt!

Vor einigen Jahren habe ich ein neues Auto vom Händler abgeholt. Mein Traumauto: klein, schwarz, offen, made in Zuffenhausen. Auf der Heimfahrt begleitete mich mein damals 6-jähriger Sohn Lukas. Es machte uns großen Spaß, mit dem neuen Cabrio durch die Sommerlandschaft zu brausen. Als wir zu Hause ankamen und ich zur Auffahrt unseres Hauses abbog, warnte ich meinen Sohn: »Lukas, wenn du gleich aussteigst, mach die Autotüre bitte langsam auf, damit du nicht gegen das Motorrad stößt!«

Kaum hatte ich den Motor abgestellt, flog auch schon die Autotür auf und krachte gegen das Motorrad. Bereits auf der Jungfernfahrt die erste Beule! Ich wollte aus der Haut fahren und explodieren: »Ich hab doch gerade noch gesagt pass auf …«, aber im gleichen Augenblick schoss mir ein anderer Gedanke durch den Kopf: Wenn der Lukas plötzlich nicht mehr da wäre … man weiß ja nie, durch Krankheit oder Unfall, …dann wäre diese Beule meine Lieblingsbeule. Ich würde sie hegen und pflegen wie meinen Augapfel als liebevolle Erinnerung. Es war immer noch die gleiche Beule, nur aus einer anderen Perspektive betrachtet.

Tipp 4
Lassen Sie die Vergangenheit los. Sie ist vorüber. Sie können sie nicht mehr ändern. Aber die Gegenwart, die können Sie gestalten. Und so, wie Sie die Gegenwart gestalten, wird Ihre Zukunft sein.

Tipp 5

Sie dürfen glücklich sein! Geben Sie sich die ausdrückliche Erlaubnis dazu, wenn es nötig sein sollte. Manche Menschen meinen, das Leben müsse hart und schwer und eine Last sein. Überprüfen Sie, ob Sie vielleicht in Ihrem Unterbewusstsein ein Programm installiert haben, das Sie am Glücklichsein hindert. Löschen Sie es! Das Glück steht Ihnen zu. Alles steht Ihnen zu. So wie jedem Menschen.

Tipp 6

Kosten Sie glückliche Momente so intensiv wie möglich aus. Genuss ist erlaubt und gewollt, denn intensiver Genuss erleichtert die Verankerung im Gehirn. Freuen Sie sich an allem Schönen in dem Bewusstsein, dass Sie sich damit Gutes tun. Ihrem Geist, Ihrer Seele, Ihrem Körper und den Menschen in Ihrer Umgebung. Das Gehirn ist vor allem für die Höhepunkte der Empfindungen empfänglich. Die Höhepunkte werden gespeichert, sowie die letzten Minuten vor dem Abklingen, also der letzte Eindruck. Sorgen Sie dafür, dass er gut ist, indem Sie zum Beispiel dann aufhören, wenn es am schönsten ist, wie schon das Sprichwort empfiehlt.

Tipp 7

Installieren Sie einen »Escape-Knopf«, mit dem Sie sich gedanklich an einen Ort beamen können, wo es Ihnen so richtig gut geht. Ein Liegestuhl auf den Malediven? Das Gipfelkreuz Ihres Lieblingsberges? Ein Knopfdruck und Sie können alles haben! Das Glück ist oft nur einen Gedanken weit entfernt.

Tipp 8

Wenn der Pessimist in Ihnen sich empört, dass Sie sich selbst betrügen, weil Sie Ihre negativen Gedanken nicht ernst nehmen, dann lassen Sie den Optimisten fragen, worum Sie sich betrügen. Der Pessimist wird die Antwort nicht wissen. Der Optimist schon: um ein glückliches Leben.

Psychoneuroimmunologie

Die Psychoneuroimmunologie erforscht die Wechselwirkungen von Körper und Seele und geht Fragen nach wie: Inwiefern beeinflusst Stress das Immunsystem?

Erst allmählich findet dieser ganzheitliche Ansatz auch in der Schulmedizin offene Ohren. Es gibt nun endlich einen Lehrstuhl für das spannende Thema der Psychoneuroimmunologie. Leider sind viele Ärzte aber noch immer der Auffassung, Körper und Geist seien zwei paar verschiedene Schuhe und es gäbe keine Beziehungen zwischen ihnen. Es ist schwierig, sie vom Gegenteil zu überzeugen, denn Spontanheilungen tauchen selten in den Statistiken auf. Insofern fehlen der Schulmedizin, die sich auf Statistiken beruft, oftmals die nötigen Informationen.

Es gibt sie! Die Lahmen, die wieder gehen, die Krebspatienten, die sechsmal die Tour des France gewinnen, die Popstars, die sich gesund singen und unzählige unbekannte Menschen, denen es gelungen ist, mit Hilfe ihrer inneren Einstellung und einer radikalen Veränderung ihrer Gewohnheiten eine als unheilbar diagnostizierte Krankheit zu besiegen.

Wir machen unsere Gesundheit selbst, und unsere Krankheit auch. Tätige Menschen sind erwiesenermaßen gesünder und glücklicher als untätige. Handlungsunfähigkeit führt in die Depression, das wurde unter anderem an Langzeitarbeitslosen erforscht. Menschen, die sich allein auf die Schulmedizin verlassen nach dem Motto »Der Herr Doktor wird es schon hinkriegen«, machen sich selbst handlungsunfähig. Sie geben die Verantwortung für ihre Gesundheit aus der Hand. Passivität ist aber kein guter Boden für Gesundheit und Glück.

In den letzten Jahrzehnten haben viele Menschen den Glauben verloren; den Glauben daran, dass der Glaube Berge versetzt. Glaube kann Leben unendlich erleichtern. Ich erinnere mich gut an die alte Bäuerin aus meinen Kindheitstagen, wie sie da nach einem harten Erntetag in der kleinen Kapelle am Wegesrand verschwand, kurz niederkniete, der Mutter Gottes oder dem Herrn Jesus ihre Sorgen anvertraute und dann gelöst und erleichtert nach Hause kam. Sie hatte ihre Probleme in Gottes Hand gelegt. Dort wusste sie sie bestens aufgehoben. »Er« würde es schon richten. Und wenn nicht, dann würde sie auch das annehmen. Die Wege des Herrn sind unergründlich, also brauchte sie sich nicht den Kopf zu zerbrechen.

Und wenn die Tante Anni ihre Brille mal wieder verlegt hatte, rief sie den heiligen Antonius an, damit er ihr beim Finden half. Mit dem heiligen Antonius fand Tante Anni ihre Brille immer – sogar an so heimtückisch versteckten Orten wie auf ihrer Nase. Ist der heilige Antonius ein Scharlatan? Ich glaube nicht, denn sein Geschäft geht seit mehr als 2000 Jahren blendend – also muss ja was dran sein. Kann sein, in den letzten Jahren hatte er einige Einbußen zu verzeichnen, aber sie werden schon wiederkommen, die Suchenden, wenn sie ihren Glauben an die Kraft der Gedanken einmal erneuert haben.

Wunderheilungen passieren oft, wenn Menschen ihr Leben radikal verändern. Und dann werden sie herumgereicht in Talkshows, manche schreiben Bücher, geben Interviews, und überall werden sie gefragt, wie sie es geschafft haben. Alle sagen dasselbe. Sie sagen es zwar mit anderen Worten, die Grundaussage stimmt jedoch immer überein. Eine amerikanische Aidspatientin, die – viermal HIV-positiv getestet – plötzlich keinen Virus mehr hatte, beschrieb ihre Verwandlung folgendermaßen: »If you live in your heart, magic happens.« Als glückliche, strahlende junge Frau saß sie im Fernsehstudio. Sie brauchte nicht gefragt zu werden, ob sie zufrieden war. Das Glück leuchtete aus jeder Pore. Über den Umweg Krankheit war sie zum Glück gekommen: Gesundheit macht glücklich und Glück heilt. Wenn wir unsere Ernährung umstellen, für körperliche Bewegung sorgen und unsere Gedanken kontrollieren, wird das Glück unsere Einladung nicht abschlagen können, es wird sich wie von selbst einstellen.

Es ist schön, wenn Sie Ihre Ernährung umstellen, aber es ist nicht genug. Es ist schön, wenn Sie ein Sportprogramm starten, aber es ist nicht genug. Es ist schön, wenn Sie Ihre Gedanken kontrollieren, aber es ist nicht genug. Nur alle drei Faktoren zusammen in der richtigen Dosis ziehen das Glück unwiderstehlich an.

Teil 6

Glücksbringer

Der Glaube versetzt Berge

Gläubige Menschen, das haben viele Untersuchungen gezeigt, leben oft gelassener und glücklicher. Sie lehnen sich weniger gegen ihr Schicksal auf. Sie fühlen sich einer höheren Macht anvertraut, und das schenkt Ihnen ein starkes Gefühl der Geborgenheit, das sie auch in Krisenzeiten wie bei schweren Erkrankungen oder furchtbaren Schicksalsschlägen nicht im Stich lässt.

»Glück ist Talent für das Schicksal.«

(Novalis)

Wer sich geborgen und aufgehoben fühlt in der Welt, hat es leichter, Glücksmomente zu sammeln. Er kämpft nicht an gegen die scheinbare Ungerechtigkeit des Schicksals. Er akzeptiert, was ist, und stellt sich jeder neuen Aufgabe mit Zuversicht.

Wie dringend wir einen Glauben brauchen, merkt man deutlich. Zwar haben die Kirchen dramatisch an Mitgliedern verloren, und immer weniger Menschen bekennen sich zum katholischen oder evangelischen Glauben – aber gleichzeitig wächst die Zahl all derer, die einen Lebenssinn und Halt fernab der traditionellen Kirchen suchen. Indische Sekten, tibetische Mönche, tantrische Gurus, Chakren-Beschwörer, Zen-Meister, Heiler, Channeler, Lichtarbeiter – und wie sie alle heißen – überschwemmen die Eso-Szene. Da wird meditiert und gegongt, gesummt und gefastet, stundenlang im Schneidersitz gesessen. Es werden geheimnisvolle Essenzen an bestimmten Körperstellen aufgetragen oder Steine darauf gelegt, es wird gependelt und eine Feng-Shui-Meisterin bestellt. Der Urlaub findet im

Kloster statt, und man fragt neue Bekannte als Erstes nach ihrem Sternzeichen oder ihrem Ayurveda-Typ, wie ihr Mantra lautet oder ob sie schon einmal mit Akupunktur ihre Energien getunt haben.

Ein kunterbunter Mix verschiedenster Kulturen, Hoffnungen, Heilsversprechen, Wertesysteme, Klimazonen, Körpertherapien – oft inspiriert von psychoanalytischen Thesen – ist hier entstanden, aus dem sich jeder seine eigene Religion zusammenstellen kann, wie im Selbstbedienungsrestaurant. Vom Kosmopoliten zum Kosmochristen mit dem Baukastensystem.

Schön, wer hier die gesunde Mitte und Mischung findet und glücklich wird. Denn das ist es doch, was die meisten suchen, oder? Das große Glück. Kann sein, sie finden es. Kann aber auch sein, sie finden es nicht. Egal wie weit sie reisen. Nach Tibet und Burma und zu den Hopi-Indianern. Vielleicht wartet das Glück nämlich gerade zu Hause und man sucht ganz woanders.

Transzendenz

Wenn Menschen extreme Situationen durchleben, kommen sie einem ganz besonderen geistigen Zustand nahe: Sie spüren das überirdische Glück, das uns irgendwann erwartet. Diese Erlebnisse kann man auch als Transzendenz bezeichnen, was nichts anderes als ein »Überschreiten« bedeutet. Bergsteiger berichten oft davon. In großer Höhe, wo man sich bei dünner Luft jeden Schritt mühsam abringen muss, der Körper seine letzten Reserven angreift und man dem Tod näher ist als dem Leben, blicken sie hinüber in eine andere Welt. Nicht nur vom Gipfel auf die Welt hinab, sondern über die Welt hinaus.

Manche berichten, dass sie sich kurz vor diesen spirituellen Erlebnissen selbst von außen betrachten, den Körper schon fast verlassen haben. Andere sehen plötzlich jemanden neben sich gehen oder sprechen mit Verstorbenen, die in unserer »objektiven Betrachtungsweise« gar nicht da sind, nicht einmal da sein können. Doch wer sie sieht, für den sind sie da!

Solche Erlebnisse kann man mit Menschen, die so etwas noch nicht erlebt haben, kaum teilen. Doch wer es einmal gefühlt hat, will es wieder erleben. Das ist der Grund, warum Bergsteiger immer neue Herausforderungen suchen. Als ein Reporter Reinhold Messner einmal fragte, warum er dauernd auf die Berge steigt, was hätte er ihm erzählen sollen? Von spirituellen Erlebnissen berichten, die der Reporter selbst noch nie erlebt hat,und ihn deshalb als verrückt erklärt hätte? Darum antwortete Messner nur: »Ich steig halt auf die Berge, weil sie nun mal da sind«.

Ein Mensch, der die Gelegenheit hatte, »hinüber zu blinzeln«, ist danach nicht mehr derselbe. Etwas fällt von ihm ab wie ein großer Mühlstein. Das Leben wird plötzlich unendlich frei, denn man hat keine Angst mehr vor dem Tod. Der Tod ist nicht mehr das Ende!

Liebe

Eine harmonische Partnerschaft ist der Glücksfaktor überhaupt. Als Nummer eins rangiert sie vor anderen Glücksbringern wie finanzielle Situation, Beruf, Zuhause oder Freizeitaktivitäten.

»Glück ist, seine Freude in der Freude des anderen zu finden.«

(Georges Bernanos)

Aber eine harmonische Partnerschaft ist nicht so leicht zu führen, wie wir uns das oft wünschen. Für manche Menschen ist es schon schwer, überhaupt einen Partner zu finden. Es lohnt sich jedoch, es zu versuchen, denn Menschen in Paarbeziehungen leben insgesamt glücklicher als Singles. Singles leiden öfter an Depressionen. Menschen in Paarbeziehungen klagen auch weniger über körperliche Befindlichkeitsstörungen und leben länger, selbst wenn eingefleischte Singles unterstellen: »Es kommt ihnen nur länger vor …«

Vielleicht ernähren sich Paare besser? Glücksfördernder? Das gemeinsame Kochen gehört jedenfalls für viele Paare zu den lieb gewonnenen Ritualen.

Nun die gute Nachricht für alle Singles: Nicht nur Paarbeziehungen tragen Glückspotenzial in sich. Auch gute Freunde können einspringen. Allein die Berührung eines vertrauten Menschen kann Stress mindern: Denn dabei werden Neurotransmitter wie Oxytocin und Opioide ausgeschüttet. Lindernde Freundschaftsbeweise, die entspannen und tun gut.

Stress in der Beziehung stresst auch das Immunsystem. Wer dauernd mit dem Partner streitet, hat schlechtere Gesundheitschancen – ganz zu schweigen von der verschwindenden Option auf Glück. Man tut sich nichts Gutes damit, wenn man sich über jede Kleinigkeit aufregt. Sport ist ein hervorragender Weg zu allgemeiner Gelassenheit. Wer seine Energien im Sport austobt, wird zu Hause entspannter und friedlicher sein. Kleinigkeiten, die früher zu Unmut führten, prallen am Schutzschild der eigenen guten Laune ab.

Das Glück gehört untrennbar zum Anfang einer Liebe. Gerade die ersten Tage, Wochen, Monate einer neuen Beziehung gelten für viele Menschen im Lebensrückblick als die glücklichsten überhaupt. Im Lauf der Zeit legt sich jedoch Patina auf das Glück. Es wird grünstichig und manchmal sogar brüchig. Niemand würde vermuten, dass sich unter dieser maroden Fassade das große Glück verbergen könnte. Und wenn es aber noch da wäre? Wenn es nur darauf warten würde, entdeckt und geputzt zu werden? Viele Menschen tragen einen großen Schatz mit sich herum und sehen ihn vor lauter Patina gar nicht mehr. Da heißt es blank reiben und herausfinden, ob das Glück von einst immer noch Gold ist oder sich mit den Jahren als Blech entpuppt hat.

Tipp:

Holen Sie die Schmetterlinge zurück

Begegnen Sie Ihrem Partner/Ihrer Partnerin mit dem Gefühl der ersten Wochen. Erinnern Sie sich an Ihre ersten Tage und Nächte. Da klagten Sie nicht:. »Damals warst du noch …! Was ist bloß aus dir geworden …? Wieso bist du nicht mehr …?«

Verhalten Sie sich noch einmal so, wie Sie sich in den ersten Tagen des Kennenlernens verhalten haben. Bringen Sie Blumen mit, laden Sie den anderen ins Kino oder ins Theater ein, seien Sie aufmerksam und verwöhnen Sie Ihren Partner mit Zärtlichkeiten, mit einer Massage, mit Ihrer Zuwendung. Sie werden erstaunt sein, auf welch fruchtbaren Boden das fällt und wie viel Liebe dafür zurückkommt.

Vielleicht möchten Sie diese Reise in Ihr Damals auch gemeinsam mit Ihrem Partner/Ihrer Partnerin unternehmen. Lassen Sie die Kinder bei den Großeltern oder guten Freunden und genießen Sie Zeit zu zweit. Liebe braucht Zeit zu zweit.

Finden Sie heraus, wo das Glück von damals heute noch sichtbar ist. Es ist unmöglich, dass Sie nichts entdecken. Es genügt, wenn Sie eine klitzekleine Kleinigkeit aufspüren. Kaum haben Sie diese wahrgenommen, wird sich die nächste auftun. Der Blick der Liebe schafft Liebe und Schönheit.

Geben Sie nicht so schnell auf. Heute geben wir viel zu oft auf der ersten Durststrecke klein bei. Es wäre doch schade, wenn Sie echtes Gold übersehen würden!

Viele Menschen lassen sich von einer Paarberatung helfen. Eine gute Idee! Man kann sich dabei noch einmal neu kennen lernen. Und staunt: Was man alles nicht mehr gesehen hat! So beginnt manche zweite Runde des gleichen Glücks. Gut, wenn die Partner die Zusammenhänge verstanden haben, um die Patina auf ihrer Liebe nie mehr zu dick werden zu lassen.

Beziehungsstress

In unserer Zeit, wo die Paarbeziehung viele Wünsche erfüllen muss, soll der Partner uns alles sein und uns für alles entschädigen, für die ganze, große, böse, kalte Welt. Die Familie ist uns weggebrochen, die Eltern haben sich nach Mallorca abgesetzt, die Oma sitzt im Altersheim, die Verwandten kennt man kaum. Da muss der Partner herhalten, soll uns die Eltern ersetzen und umwerfend erotisch sein, eine vorbildliche Mutter oder ein treusorgender Vater, der beste Freund, perfekt im Haushalt sein und Geborgenheit vermitteln, gleichzeitig Abenteuer bieten, immer gut drauf sein –

aber mit viel Tiefgang –, Anerkennung geben, das eigene Selbstwertgefühl steigern, immer für einen da sein, zuhören, stark und weich sein, eigenständig und finanziell unabhängig, treu, sexy und tausend Dinge mehr. Eigentlich ein Kinderspiel, oder? Nichts leichter, als mit diesen Bedingungen auf die große Liebe zu warten. Viele warten da vergebens.

Befreien Sie sich und Ihren Partner von diesem Erwartungsdruck. Das Glück ist leicht und wie ein Vogel. Es lässt sich nicht in Ketten legen, genauso wenig wie die Liebe. Panta rhei – alles fließt, das wussten schon die alten Griechen. Lassen Sie diesen Fluss zu, versuchen Sie, nichts festzuhalten, denn das wird Ihnen sowieso nicht gelingen! Oder haben Sie schon einmal dauerhaft etwas festhalten können? Je mehr wir klammern, desto weniger können wir die Liebe halten. Haben Sie schon einmal versucht, eine Schraube so richtig festzuziehen? Wir wissen alle, was schnell passiert: Nach ganz fest kommt ganz lose. Die Schraube »dreht durch«, und Sie können nicht mehr festziehen, aber auch nicht mehr aufdrehen. Genauso ist das mit der Liebe. Halten Sie Ihre Kinder so richtig fest. Der Erfolg: Mit 18 Jahren ziehen sie aus, beschränken den Kontakt auf das Minimum und kommen höchstens noch einmal vorbei, um sich einen Scheck oder Weihnachtsgeschenke abzuholen. Und was passiert, wenn Sie Ihren Ehe- oder Lebenspartner aus falsch verstandener Liebe zu fest halten? Er wird aus der Umklammerung ausbrechen und fliehen. Jeder Mensch braucht ein Eigenleben, Freiraum, Stunden, in denen er allein ist oder sich mit eigenen Freunden trifft. Und nur wenn beide Partner ihr eigenes Leben führen, gibt es abends etwas, was man sich erzählen kann.

Zur Liebe gehört auch die Selbstliebe, die Liebe zu Kindern und zu Freunden. Wenn Sie die Liebe in Ihr Leben einziehen lassen, zieht das Glück mit ein. Sie sind die Person, die liebt. Lieben macht glücklicher als geliebt werden. Sie brauchen nicht auf die

Liebe zu warten, sie ist in Ihnen. Sie sind frei, zu lieben und glücklich zu sein.

»Glück ist das einzige, das sich verdoppelt,
wenn man es teilt.«

(Albert Schweitzer)

Das große Geheimnis einer liebevollen Beziehung – ob zwischen erotischen Partnern oder zwischen Eltern und Kind oder auch in einer Freundschaft – liegt darin, ob es gelingt, den anderen als eigenständigen Menschen wahrzunehmen und zu behandeln, anstatt Besitz von ihm zu ergreifen, sodass er nur noch als Anhängsel existiert. Nur Sie selbst können den anderen auch wieder befreien, um ihn leben lassen zu können und wirklich um seiner selbst willen zu lieben.

Freundschaft

»Ein wahrer Freund trägt mehr zu unserem Glück bei als tausend Feinde zu unserem Unglück.«

(Marie von Ebner-Eschenbach)

Trostlos, einsam und langweilig wäre das Leben ohne Freunde, mit denen man sich austauscht und an deren Erlebnissen man Anteil nimmt. Je mehr Freunde man hat, desto mehr Arten zu leben lernt man kennen.

Ob wir uns regelmäßig in Gesellschaft anderer Menschen befinden oder nicht, ist für unsere Lebensqualität entscheidend. Menschen sind biologisch darauf programmiert, andere Menschen als die wichtigsten Objekte der Welt zu empfinden. Und diese »Objekte« haben maßgeblichen Einfluss darauf, wie unser eigenes Leben verläuft. Interessant und bereichernd oder langweilig und trist, lustig und aktiv oder deprimierend und passiv, optimistisch oder pessimistisch, kurzum: glücklich oder unglücklich.

Wem es leicht fällt, mit anderen Menschen zurechtzukommen, dessen Lebensqualität ist höher. Die Leichtigkeit im Umgang mit anderen führt schneller zu Erfolgen, ob im Berufs- oder Privatleben. Doch Menschen sind nicht nur deshalb wichtig füreinander, weil sie sich gegenseitig dabei helfen können, Ziele zu erreichen. Sie sind Glücksbringer durch ihre bloße Existenz.

Ich genieße es immer wieder, nach getaner Arbeit umgeben von der Familie und Freunden an einem großen Tisch zu sitzen. Das ist der richtige Ausgleich nach einem anstrengenden Arbeitstag.

Natürlich benötigen wir auch Phasen des Rückzugs, und wir möchten nicht dauernd »volles Haus« haben, dennoch brauchen wir andere Menschen – Lebenspartner, Verwandtschaft, Zufallsbekannte und vor allem die Menschen, die wir uns ausgesucht haben, weil wir mit ihnen befreundet sein möchten.

Freunde sind auch ein wichtiger Gesundheitsfaktor. Sie helfen uns zum Beispiel, Stress abzubauen. Wenn wir anderen Menschen erzählen, was uns belastet, verarbeiten wir es dabei bereits. Das weiß auch der Volksmund: Geteiltes Leid ist halbes Leid. Eine der besten Strategien gegen Stress ist es, andere daran teilhaben zu lassen. Deswegen brauchen die anderen dann nicht auch gestresst zu sein, sie wirken vielmehr als Filter, und wir selbst bekommen wieder die richtige Größenvorstellung von unserem aktuellen Problem, das meistens überdimensional aufgeblasen ist. Das Leben besteht nicht aus einem bestimmten Problem, einer bestimmten Lieferfrist, einem Prozess, einer Hypothek. Uns daran zu erinnern – das ist eine wichtige Aufgabe von Freunden.

Tipp:

Entwicklungshilfe

Wenn Sie Menschen behandeln, wie sie sind, werden sie schlechter. Wenn Sie Menschen behandeln, wie sie sein könnten, dann werden sie wachsen.

Wer keine Freunde oder Bekannten hat, mit denen er Freud und Leid teilen kann, hat es schwerer im Leben. Untersuchungen haben sogar ergeben, dass soziale Kontakte die Lebenserwartung mindestens genauso stark beeinflussen wie die Risikofaktoren Rauchen, Bluthochdruck oder Übergewicht. Einsamkeit macht also nicht nur unglücklich, sie verkürzt auch das Leben. Einsamkeit führt in die Isolation. Und dort ist das Glück ein sehr seltener Gast.

Freundschaft und Liebe sind Geschwister. Menschen, denen wir in Freundschaft verbunden sind, wünschen wir das Beste und Schönste, also Glück in allen Lebenslagen. Wir leiden mit ihnen und wir freuen uns mit ihnen. Das bereichert unser eigenes Leben, macht es bunt und weit und interessant. Es liegt nur an uns, ob wir den Mut zur Freundschaft haben; den Mut, uns anderen zu öffnen.

Beruf und Hobby
Unterhaltung – unten Haltung

Fernsehen ist die wichtigste Freizeitbeschäftigung der Deutschen. Drei Stunden und 23 Minuten täglich sehen wir mittlerweile fern, so die neueste Untersuchung der Gesellschaft für Konsumforschung (GfK). Dabei sind drei Stunden und 23 Minuten nur der bundesdeutsche Durchschnitt. In Sachsen-Anhalt wird die Glotze sogar erst nach vier Stunden und acht Minuten abgedreht. Rund 1500 Stunden kommen so jährlich zusammen. Das sind zwei Monate TV nonstop! Jahr für Jahr. Zwei Monate eigenes Leben weniger. Jahr für Jahr. Und der Trend zeigt nach oben, obwohl viele Menschen das diffuse Unwohlsein kennen, wenn sie »zu lange« ferngesehen haben. Was »zu lange« bedeutet, ist dabei sehr unterschiedlich, für den einen ist es eine Stunde, für den anderen sind es acht Stunden.

Fernsehen frisst Zeit. Zeit, die wir auch mit Freunden und unseren Liebsten verbringen können, mit Sport, mit Hobbys, mit »sinnvollen« Tätigkeiten, mit Leben pur statt Leben aus der Konserve. Mit frischen, eigenen Gefühlen und Erlebnissen anstatt den vorgespielten, fremden Gefühlen und Erlebnissen. Uns selbst leben! Unser eigenes Leben führen! Glücklich sein, anstatt anderen beim Glücklichsein zuzusehen.

»Der Geist, der sich gewöhnt,
seine Freuden aus sich selbst zu schöpfen,
ist glücklich.«

(Demokrit)

Arbeit macht glücklich. Eine Aufgabe haben, ein Hobby, das einen ausfüllt und begeistert. Man hat erforscht, dass sich Menschen, die sich beschäftigen, besser fühlen als solche, die ihre Freizeit passiv verbringen – vor der Glotze.

Es ist nicht leicht, die eigene Bequemlichkeit zu überwinden, doch sicher haben Sie mittlerweile genügend Strategien dafür kennen gelernt. Wer faul auf dem Sofa liegt, wird das Glück nicht finden. Nichtstun führt in die Depression. Interesse und Begeisterung dagegen steigern die Lebensfreude. Es ist fast egal, wofür Sie sich interessieren oder engagieren; jedes Interesse steigert die Lebensfreude. Vielleicht kennen Sie das beglückende Gefühl, ganz in einer Tätigkeit aufzugehen. Egal, was es ist, ob Sie ein Gartenhaus bauen oder ein Modellflugzeug, Rosen züchten, Briefmarken sammeln oder für alte Nähmaschinen schwärmen, ob Sie ein Instrument spielen oder Bücher verschlingen – tätig sein, körperlich und geistig, führt zum Glück. Von einer Erfahrung kommt man zur nächsten, vom Hundertsten zum Tausendsten. Viele Menschen sind randvoll von Glück, wenn sie sich ihren Hobbys widmen und anderen, die verzweifelt hoffen, der Redestrom möge endlich versiegen, davon erzählen. Besonders Menschen, die sich geistig ganz in eine Aufgabe vertiefen, haben oft die Fähigkeit, sich selbst zu genügen. Sie sind nicht allein, sie sind in allerbester Gesellschaft bei »ihrer Sache«.

Ein Außenstehender kann nicht beurteilen, ob diese Aufgabe wichtig oder sinnvoll ist. Das kann nur der betreffende Mensch selbst. Natürlich ist ein Hobby, dem sehr viel Zeit gewidmet wird, bedeutsam für den Menschen, der es ausübt. Dennoch: Wenn das Hobby oder der Beruf darüber hinaus auch noch einen sozialen Zweck erfüllt, dann ist das Glück wirklich komplett und kugelrund. Denn dann verbinden wir die Sehnsucht nach einer Aufgabe mit der Suche nach Gemeinschaft. Dies ist ein fetter Nährboden für kalorienreiche Glückstorten. Und das Tolle daran: Sie machen nicht dick!

Der Erfolg des Glücks

Sir Edmund Hillary, Erstbezwinger des Mount Everest, wurde anlässlich der 50-Jahrfeier nach der Erstbesteigung von einem Journalisten gefragt: »Hat diese sagenhafte Leistung nicht Ihr ganzes weiteres Leben glücklich geprägt?« Hillary antwortete: »Sicherlich waren die Erstbesteigung und die anschließenden Ehrungen ein sehr glücklicher Teil meines Lebens. Doch das, was ich jetzt mache, nämlich Schulen und Krankenhäuser für die Sherpas zu bauen, das macht mich wirklich glücklich.«

Besitz

Glück und Geld werden oft in einem Atemzug genannt. Wenn der Atem lang genug ist, kommen auch noch Erfolg und Reichtum dazu. Manchmal Schönheit und Ruhm. »Die Reichen müssten sehr glücklich sein, wenn sie nur halb so glücklich wären, wie die Armen glauben«, brachte es der Aphoristiker Charles Tschopp auf den Punkt.

Allein vom Reichtum her betrachtet, müssten die Deutschen ein glückliches Volk sein. Nicht jeder fährt den Wagen seiner Wahl, aber fast jeder hat ein Auto. Nicht jeder wohnt im schmucken Eigenheim, aber die meisten haben ein solides Dach über dem Kopf.

Schnell zeigt sich allerdings, dass Reichtum nicht automatisch zum Glück führt. Denn die Deutschen sind eben kein überschäumend glückliches Volk. Keine Nation der Welt ist glücklich, weil ihr Bruttosozialprodukt fett wie Butter ist. Zwischen Wohlstand und Wohlbefinden besteht kein Zusammenhang! Trotzdem wird er hartnäckig und unbeirrbar vermutet. Wer reich ist, soll gefälligst auch glücklich sein. Ungeachtet dessen lebt ein großer Teil der Regenbogenpresse davon, Dieter und Doris Durchschnitt genüsslich und in Nahaufnahme zu zeigen, dass die Schönen und Reichen auch leiden.

Ziel aller Regierungen sollte es eigentlich sein, den Bürgern ein schönes und sorgenfreies Leben zu ermöglichen. Leider scheinen viele Regierungen demselben Irrtum wie die meisten Bürger auf den Leim zu gehen: Sie verwechseln Wohlstand mit Wohlbefinden. Sie appellieren, die Wirtschaftsleistung zu steigern – als würde das automatisch zu einem glücklichen Leben führen. Immer mehr Rationalisierungen für immer mehr Freizeit … und dann? Die große Leere verschluckt das große Glück.

»Geld allein macht nicht unglücklich«, sagte der amerikanische Schauspieler Peter Falk, bekannt geworden in seiner Paraderolle als Inspektor Colombo. Aber glücklich macht es auch nicht. Beziehungsweise nur solche Menschen, die auch ohne Geld glücklich wären. Wenn ein Mensch arm unglücklich war, wird er auch durch einen Lottogewinn nicht über Nacht zum glücklichen Zeitgenossen. Eine Aufsehen erregende Studie aus der Sozialforschung hat belegt, dass es Menschen nach einem Lottogewinn nicht unbedingt besser geht – wenigstens nicht auf Dauer. Der große Gewinn ändert langfristig gesehen nur wenig, was das eigene Wohlbefinden betrifft. Andererseits sind Menschen, die nach einer Querschnittslähmung auf den Rollstuhl angewiesen sind, auch nicht dauerhaft unzufriedener als vor ihrem Unfall oder ihrer Erkrankung. Daraus ersehen wir deutlich, dass die innere Einstellung für das Glück verantwortlich ist, nicht die äußeren Umstände.

Stellen Sie sich vor, wie es wäre, wenn sich all Ihre materiellen Träume erfüllten. Wären Sie dann wirklich glücklich? Glücklicher als jetzt? Wie lange würde dieses Glück anhalten? Würde es Sie zu einem anderen Menschen machen? Könnten Sie nicht jetzt schon ein anderer Mensch sein – einfach von Ihrer inneren Einstellung her, die Sie spielend leicht ankurbeln können mit der richtigen Ernährung und Bewegung? Sie können.

Der Mythos vom König Midas veranschaulicht treffend, dass die Verbesserung äußerer Bedingungen nicht gezwungenermaßen zu mehr Lebensfreude führt: König Midas nahm, wie die meisten Menschen, an, wenn er unsäglich reich wäre, sei sein Glück gesichert. Er schloss also einen Pakt mit den Göttern, die nach langem Feilschen seinem Wunsch nachgaben. Alles was er berührte, solle zu Gold werden. König Midas glaubte, er hätte einen wunderbaren Vertrag geschlossen. Nichts würde mehr verhindern können, dass er zum reichsten und daher auch zum glücklichsten Mann der Erde würde. König Midas irrte, wie wir alle wissen. Er merkte es schnell und bereute seinen Wunsch zutiefst. Denn als sich das Essen in seinem Mund und der Wein auf seiner Zunge in Gold verwandelten, noch ehe er sie hinunterschlucken konnte, stand ihm sein Schicksal deutlich vor Augen.

»Wenn du einen Menschen glücklich machen willst,
dann füge nichts seinen Reichtümern hinzu,
sondern nimm ihm einige von seinen Wünschen.«

(Epikur)

Geld und Besitz sind wichtig. Genauso wichtig ist es aber, ihnen einen angemessenen Stellenwert zu geben: Sie sollten nicht zum alleinigen Lebenssinn und -zweck werden. Am glücksförderndsten ist es, Geld zu haben und damit verantwortungsbewusst und sinnvoll umzugehen. Wie beispielsweise Bill Gates, der die Hälfte seiner Einkünfte spendet. Bill Gates tut diese Spende nicht weh. Doch wir alle wissen, wie leicht die Gier uns Menschen überkommt. Deshalb ist es immer eine Leistung, die Hochachtung verdient, wenn ein Mensch freizügig gibt. Auch Karl-Heinz Böhm gehört zu jenen Menschen. Er hätte sich in Hollywood ein süßes Leben machen können: hübsche Frauen, Liegestuhl am Pool, kühle Drinks. Stattdessen kämpft er im sengenden Afrika unter härtesten Bedingungen an der Seite der Ärmsten der Welt gegen den Hunger und das Elend. Menschen für Menschen. Man muss ihn wohl nicht fragen, welches Leben ihn glücklicher gemacht hätte. Karl-Heinz Böhm hat sein Glück gewählt, indem er anderen Menschen hilft.

Die Helden der Gegenwart heißen nicht Dieter Bohlen oder Verona Feldbusch, wie manche Menschen glauben. Die wahren Helden sind Menschen, die – oft unbemerkt von ihrer Umgebung – in liebevoller Hingabe ein behindertes Kind zu Hause pflegen oder anderweitig im humanitären Bereich tätig werden. Menschen, die Gutes tun, ohne eine Gegenleistung dafür zu verlangen. Und das Tolle ist: Wer eine Tätigkeit hat, die anderen Menschen einen unmittelbaren Nutzen bringt, bekommt neben Lob und Anerkennung ganz von alleine auch noch Geld dazu. Man sollte also nicht überlegen: Was kann ich für mich tun, um reich zu werden? Wenn Sie nur etwas für sich tun, können nur Sie sich selbst bezahlen. Sich selbst sozusagen das Geld von der rechten in die linke Hosentasche stecken. Überlegen Sie besser, was Sie für andere tun können.

Geld ist durchaus angenehm. Aber es hat nichts mit Glück zu tun. Das sollten wir uns immer wieder in Erinnerung rufen, wenn wir in Gefahr geraten, ihm hinterherzujagen. Optimal ist es, immer so viel Geld zur Verfügung zu haben, dass man nicht darüber nachdenken muss. Ob man eine, drei oder fünf Millionen auf dem Konto hat, ist egal. Hauptsache, man denkt nicht darüber nach. Denn das bedeutet Freiheit: Unabhängigkeit von Besitz. Eine Lebenseinstellung, die das Glück magisch anzieht! Es gibt nur eine Situation, in der Geld wichtig ist. Nämlich dann, wenn man keins hat. Viele jagen dem Geld hinterher, nur um später der Reichste auf dem Friedhof zu sein. Ich persönlich halte es da wie ein Seemann: immer eine Handbreit Wasser unter dem Kiel; das reicht zum Segeln. Und wenn man ganz sicher gehen möchte, bei den ganzen Auf und Abs des Lebens nicht doch einmal auf Grund zu laufen, dürfen es auch drei oder vier Handbreit sein. Alles Weitere ist überflüssig und macht das Leben nur unnötig kompliziert.

Schönheit und Ruhm und Erfolg mögen manche Menschen glücklich machen. Doch wer sich ihnen unterwirft, wird unglücklich werden. Besonders Ruhm und Erfolg können zur Sucht werden. Man kann seine Erfolge irgendwann nicht mehr genießen, sondern muss immer weiter und weiter, wie ein Hamster im Laufrad. Sehr erfolgreiche und sehr schöne Menschen sind oft erschreckend unglücklich. Sie können nicht mehr innehalten, und das ganze Leben mit seinen Glücksmomenten rauscht an ihnen vorbei. Mag sein, es ist ein Leben im Rampenlicht – aber welchen Wert hat es, wenn sich die Berühmten und Reichen und Schönen lange nicht so wohl fühlen wie Dieter und Doris Durchschnitt sonntagabends beim Badmintonspielen im Garten mit guten Freunden inmitten einer fröhlichen Kinderschar. Menschen, die gute Beziehungen zu ihren Mitmenschen haben und ihre Talente entwickeln können, sind zufriedener.

Tipp:

Wunschlos glücklich
Weil wir Menschen sind, streben wir nach Höherem. Wir wollen mehr und immer mehr. Wir wollen Besseres, das Beste und das Allerbeste. Leider gewöhnen wir uns viel zu schnell an das Allerbeste. Deshalb sollte man sich nicht jeden Wunsch gleich erfüllen, auch wenn es möglich wäre. Sparen Sie sich stets einige Wünsche auf, damit Sie die Vorfreude genießen können! Ein ganz besonderer Glückslieferant ist übrigens ein Wunsch, auf den Sie lange hinarbeiten müssen. Nicht erst seine Erfüllung, sondern der Weg dorthin, wird Sie immer wieder mit Glückshormonen belohnen!

Glück kostet nichts

Vielleicht fällt es vielen Menschen schwer, glücklich zu sein, weil sie für das Glück nichts bezahlen müssen. Man muss sonst ja für alles bezahlen, also kann Glück ja nicht viel wert sein, oder?

Geld kostet viel

Um Reichtum zu erlangen, bezahlen manche Menschen einen hohen Preis: Sie vernachlässigen ihre Gesundheit, ihre Familie, ihre Freunde, versagen sich Freizeit und Genuss und jede kleine

Lebensfreude am Wegesrand. Und wenn sie es dann eines Tages geschafft haben, den Reichtum anzuhäufen, von dem sie träumten, schlafen sie unruhig. Der Reichtum muss verwaltet und beschützt und vermehrt werden. Von allen Seiten drohen Gefahren. Und wieder vernachlässigen sie ihre Gesundheit, ihre Familie, ihre Freunde und versagen sich das kleine und das große Glück. Nur um eines Tages feststellen zu müssen, dass sie damit kein Glück erworben haben. Diese Erkenntnis ist der erste Schritt zum Glück, denn nun können gezielt Veränderungen herbeigeführt werden.

Anderen ihr Glück gönnen

Wer anderen Glück und Reichtum gönnt, macht sich selbst glücklich und reich. Neid dagegen macht das Leben hart und karg und schwer. Wer sich mit anderen vergleicht, schwächt sich und verschleudert Energie, die er gut in seinem eigenen Leben brauchen könnte.

Neid bringt nichts. Neid ist die totale Stagnation und mehr noch: Er bohrt und frisst und nagt an der Lebensfreude. Denn was hat man davon? Wenn man jemand anderen um seinen Erfolg, seine Häuser, Autos, Frauen oder Männer beneidet, gewinnt man damit nichts, schon gar nicht die Häuser, Autos, Frauen oder Männer. Man verliert auf der ganzen Linie. Und vor allem eins: seine gute Laune. Neid schafft es nicht, anderen wegzunehmen, was man ihnen missgönnt. Neid nimmt nur einem selbst etwas weg: Lebensqualität, Freude, Leichtigkeit, Glück. Und es blockiert die eigenen Energien, die gebraucht würden, um für sich selbst das zu erreichen, was man den anderen missgönnt. »Vom Neid zerfressen«, so heißt es nicht umsonst.

Besser ist es, die Destruktivität des Neides zu verwandeln in konstruktive Tätigkeit. Das, was man bei anderen sieht und selbst gerne hätte, kann man als Ansporn verstehen, es selbst zu erreichen: Daraus erwächst die Motivation, etwas dafür zu tun, und das Ziel rückt in greifbare Nähe. Lassen Sie sich also inspirieren vom Erfolg anderer. Werden Sie aktiv und in der Folge glücklich. Denn was bleibt sonst? Es kann ja wohl kein erstrebenswertes Ideal sein, als unangenehmer Zeitgenosse verschrien zu werden.

Artur Rubinstein, bekannter Dirigent und ebenso bekannt für seinen Geiz, verspätete sich einmal zu einem Mittagessen mit seinen Freunden in einem New Yorker Restaurant. Als er endlich, fast eine Stunde zu spät, eintraf, wunderten sich seine Freunde über seine seltsam heiter gelassene Art und noch mehr darüber, dass er sich – ganz entgegen seiner Gewohnheit – die teuersten Speisen von der Speisekarte bestellte. Und völlig perplex waren sie, als er später die Rechnung für alle mit einem Lächeln auf den Lippen beglich. Seine Freunde erkannten ihn nicht wieder und fragten ihn, was plötzlich in ihn gefahren sei. Rubinstein antwortete: »Ich war gerade beim Notar und habe mein Testament aufgesetzt. Darin sind alle sehr gut weggekommen: Meine Familie, Stiftungen und sonstige wohltätige Organisationen habe ich großzügig bedacht. Nur einen habe ich vergessen: mich! Und das werde ich ab heute ändern!«

Tipp:

Gönnen können

Wenn Ihnen jemand etwas Schönes erzählt, versuchen Sie sich darüber zu freuen. Toll – der hat einen neuen Wagen. Super – sie ist befördert worden. Klasse – die Erbschaft kann er gut brauchen.

Gönnen Sie anderen Glück, Erfolg und Reichtum. Damit öffnen Sie Ihrem eigenen Glück, Erfolg und Reichtum Tür und Tor. Wenn Sie denken: »Der hätte mal die Pannenstatistik studieren sollen, ehe er diesen Wagen kauft« oder: »Ich möchte mal wissen, wie sie sich die Beförderung verdient hat!« Oder: »Der hat im Leben ja noch nichts geleistet, außer zu erben …«, dann machen Sie sich selbst klein und unzufrieden und engherzig. Das merken Sie, wenn Sie sich die beiden Situationen vorstellen und dabei auf Ihre körperlichen Reaktionen achten. Spüren Sie, wie Großmut stärkt und befreit und Neid klein und grau macht? Arbeiten Sie an einer Haltung des Mitgefühls und der Freude für die Freude anderer Menschen. Sie wird zu Ihnen zurückkommen.

Ich selbst habe mich immer, vielleicht auch durch prägende Aufenthalte im Ausland wie in den USA, am Verdienst anderer Menschen mitgefreut. Wer sein Geld fair verdient, dem gönne ich jeden Cent. In den USA ist es auch gang und gäbe, dass man sich schon früh nach dem Kennenlernen fragt: »Wie viel Geld verdienst du?« Und wenn der eine mehr verdient, freut sich der andere und gratuliert. Als ich anfing, Geld zu verdienen und durch mehr Einsatz vielleicht auch etwas mehr als andere, da dachte ich – unbedarft wie ich war –, man würde sich mit mir freuen. In Deutschland aber weit gefehlt! Schmerzlich musste ich feststellen, wie schnell man Neid auf sich ziehen kann. Das einzig Tröstende ist: Neid muss man sich verdienen, Mitleid bekommt man geschenkt!

Klarheit

In einem durchschnittlichen amerikanischen Supermarkt wurden 360 Sorten Shampoo, 285 Keks- und 275 Frühstücksflockenarten, 175 Salatdressings und 90 unterschiedliche Nagelpolituren allein von einem Hersteller gezählt. Kein Wunder, dass Einkaufen immer länger dauert – und immer mehr Unzufriedenheit hinterlässt. Hat man auch wirklich das richtige, das beste Produkt? Stimmt das Preis-Leistungs-Verhältnis?

Es ist richtig, dass das Gefühl, die Kontrolle zu haben und frei wählen zu können, im Allgemeinen zufriedener macht. So hat man erforscht, dass Selbstständige zufriedener sind als Angestellte. Das gilt auch für Menschen in demokratischen Staaten. Aber die freie Wahl kann schnell zum Fluch werden, wenn wir zu viele Alternativen haben. Je größer und verlockender die Auswahl ist, desto schwerer fällt es uns zu entscheiden, und desto unglücklicher sind wir dann auch mit unserer Entscheidung. Schnell plagen uns nämlich Zweifel, ob wir auch das Richtige gewählt haben.

Es ist also ein Trugschluss zu glauben, je mehr Auswahl man hätte, desto leichter sei es, glücklich zu werden. Wer den Überblick verliert, verliert auch Glückschancen. Neue Studien zeigen, dass wir unserem Wohlbefinden im Wege stehen, wenn wir uns mit zu vielen Möglichkeiten umgeben. Ein paar einfache Dinge genügen, um Menschen glücklich zu machen.

Wir sind es gewöhnt, immer nach dem Besten zu suchen. Doch in einer Zeit, in der uns fast alle Produkte das Beste versprechen, kann von einem hohen Standard ausgegangen werden, sodass man sich die Zeit für umständliche Recherchen auch mal sparen kann. Ob die neue Kamera jetzt ein Pixel mehr oder weniger hat, das interessiert den Sonntagnachmittagsfotografen eigentlich nicht. Wenn er aber dann plötzlich glaubt, einen schlechten Kauf getätigt zu haben, weil sein Nachbar ein Pixel mehr hat, wird ihm das Fotografieren weniger Spaß machen, und vielleicht ärgert er sich sogar, dass er sich nicht besser informiert hat – er weiß ja nicht, dass die Kamera des Nachbarn dafür über weniger Speicherkapazität verfügt. Das alles zusammen interessiert das Glück im Übrigen überhaupt nicht. Es wendet sich gelangweilt ab.

Es wendet sich auch ab von dem Urlauber an einem goldenen Sandstrand in Asien, der das türkisgrüne Meer unter dem knallblauen Himmel nicht genießen kann, weil er glaubt, irgendwo gäbe es einen schöneren Strand. Dabei hat er alles, was er sich wünscht. Doch eine bohrende Unzufriedenheit treibt ihn weiter, und so verschleißt er seinen Traumurlaub mit der Suche nach einem Traumurlaub.

Das Glück wendet sich auch ab von dem Yuppie, der die Einladung der Abteilung »unter« ihm zum Grillen immer wieder ausschlägt, weil er glaubt, die Kollegen seien auf der Karriereleiter zu tief angesiedelt. Sie seien nicht exklusiv genug. Er ist immer unterwegs auf der Suche nach wirklich wichtigen und interessanten Leuten und verpasst so das Glück in Form eines geselligen Abends, an dem er nicht nur überaus interessante Informationen über die Struktur der Firma erfahren hätte, sondern auch unbeschwerte, verbindende Glücksmomente.

Das Glück wendet sich ebenfalls ab von dem Zeitgenossen, der sich mit nichts zufrieden geben kann, was er erreicht, weil er dauernd vergleichen muss, und er vergleicht sich prinzipiell mit Menschen, die er niemals erreichen kann, mit Menschen, die Jahrzehnte jünger sind als er oder mit der goldenen Baggerschaufel geboren wurden oder aussehen wie schönheitschirurgisch runderneuert.

Und selbstverständlich schüttelt das Glück den Kopf über die, die die vielen kleinen Glücke, die ihnen Tag für Tag begegnen, auf der Suche nach dem großen Glück übersehen.

Verzetteln Sie sich nicht mit zu vielen Wahlmöglichkeiten! Das Einfache ist oft das Beste. Das Glück lässt sich gern dort nieder, wo es schlicht ist. Eine blühende Wiese und frisches Brot. Tautropfen. Kinderlachen.

Teil 7

Magic Moments

Die Juwelen des Lebens

Glück ist enthusiastisch. Mitreißend. Ganz still. Atemberaubend. Zum Heulen schön. Tief erschütternd. Ruhig. Ergreifend. Bewegend. Gänsehaut bis in die Haarspitzen. Laut und leise. Groß und klein. Zum Lachen und zum Weinen. Manchmal dauert Glück nur einen Augenblick, manchmal fast unerträglich lange. Wir erleben Glück allein oder zu zweit, mit fremden Menschen oder im Freundeskreis, es gibt das Glück in der Vorstellung und das am eigenen Leib gespürte. Glück ist unendlich vielfältig.

Tipp:

Das Glück einladen

Welche Glücksmomente haben Sie in Ihrem Leben schon gehabt? Vielleicht kommen Sie beim Nachdenken zu der Erkenntnis, dass Glück uns in jedem Moment des Lebens überraschen kann. Sicher, es gibt Situationen, die scheinen wie für das Glück gemacht. Romantische Liebesaugenblicke zum Beispiel. Doch das große Glück kann uns auch völlig unerwartet treffen – und dann liegt es an uns, ob wir es einladen oder daran vorübergehen, weil wir jetzt gerade nicht damit gerechnet haben, weil wir unterwegs zum Schuster sind, weil wir heute prinzipiell schlecht gelaunt sind, weil, weil, weil …

Gemeinsam ist allen Glückserlebnissen: Sie sind Leben in purer Form. Sie schaffen Momente, an die man sich immer erinnert. Magic Moments.

Häufig erkennt man Glücksmomente erst im Nachhinein. So wie die Schriftstellerin Françoise Sagan es beschrieb: »Man weiß selten, was Glück ist, aber man weiß meistens, was Glück war.«

Nach dem Abitur bin ich ein Jahr durch die USA gereist. Lange davor freute ich mich auf die Reise, und nur mit diesem Ziel vor Augen schaffte ich es überhaupt, die nicht immer geliebte Schule zu überstehen. Mit dem ersten selbst verdienten Geld, langen Haaren, vielen Flausen und den Bildern des Films »Easy Rider« im Hinterkopf bin ich kreuz und quer durch 40 Staaten, Mexiko und Kanada gereist. Ich habe unglaublich viel gesehen und erlebt: Die Route 66, Route One rauf und runter mit unvergesslichen Sonnenuntergängen, zum Beispiel vor der zerklüfteten Küste von Big Sur. In den Nationalparks musste ich vor Bären fliehen. Nachts habe ich in den heißen Quellen von Idaho gebadet. Ich bin durch Wälder gestreift, habe Berge bestiegen und mir bei meinem ersten Essen in Mexiko höllisch die Zunge verbrannt.

Alles in allem war es eine aufregende Zeit. Die wirklichen Glücksmomente haben sich allerdings erst im Nachhinein herauskristallisiert. Innerlich war ich trotz der Freude, meine Sturm- und Drangzeit endlich auszuleben, angespannt. Von der Kleinstadt in die große weite Welt, ganz auf mich allein gestellt und mit all den Ermahnungen der Mutter im Gepäck, bloß vorsichtig zu sein, war ich nie ganz entspannt. Und obwohl ich so oft über das Glück gestolpert bin, habe ich es nie direkt gesehen. Erst später sind die schönsten und glücklichsten Augenblicke wieder »hochgekocht« und haben sich als wahres Glück offenbart. Und oft bemerke ich, wenn ich entspannt wie im Tagtraum aus dem Fenster schaue, wie sich diese schönen Bilder und Erlebnisse wie eine leise Melodie in meinem Hinterkopf noch einmal abspielen.

Springen Sie aus der Warteschleife!

»Wenn du weiterhin das tust, was du bisher getan hast,
wirst du auch weiterhin das bekommen,
was du bisher bekommen hast.«

(Unbekannt)

Fünf Prozent aller Menschen erklären sich voll und ganz damit einverstanden. 95 Prozent zeigen sich mehr oder minder erschrocken und stottern: »Äh, ja, stimmt ja eigentlich, so habe ich mir mein Leben nicht vorgestellt.«

Wenn man später etwas anders haben möchte, muss man JETZT etwas verändern. Sie persönlich gestalten Ihre Zukunft. JETZT! Setzen Sie auf keinen Tag in der Ferne, an dem Sie beginnen wollen. Trennen Sie sich von Sätzen, die mit »Wenn« beginnen und mit »dann« fortfahren.

Wenn ich das Projekt abgeschlossen habe, dann werde ich …

Wenn ich erst mal in einer anderen Stadt wohne, dann werde ich … Wenn ich abgenommen habe, dann werde ich … Wenn das Wetter besser ist, dann werde ich …

Hören Sie auf, Ihr Leben in der Warteschleife zuzubringen. Sie brauchen kein Wenn-dann und auch kein Ja-aber. Sie können sofort beginnen. Jetzt. Verschieben Sie das Glück nicht mehr auf morgen oder irgendwann. Heute ist der erste Tag, an dem Sie Ihre ganz persönlichen Glücksmomente sammeln können.

Sehen Sie sich einmal dort um, wo Sie gerade sind. Lassen Sie Ihre Blicke schweifen … Gibt es etwas, das Sie glücklich macht? Das Foto eines lieben Menschen? Ein gebasteltes Geschenk? Ein unverschämt blauer Fetzen Himmel vor dem Fenster? Das Lied einer Amsel?

Und in Ihnen selbst? Behaglichkeit? Entspannung? Ein tiefer und ruhiger Strom der Lebensfreude? Glucksend wie ein erfrischend klarer Gebirgsbach? Oder breit und erhaben? Genießen Sie den Luxus, einfach da zu sein. Am Leben zu sein.

Zum Ausklang unserer gemeinsamen Reise zum Glück möchte ich Ihnen nun gerne einige »Magic Moments« vorstellen. »Magic Moments«, so nenne ich ganz spezielle Glücksmomente. Ich kann Ihnen nur meine eigenen anbieten, vielleicht können Sie ja den einen oder anderen Moment mit mir teilen oder sich anregen lassen, Ihre eigenen Magic Moments zu finden.

Sammeln Sie Magic Moments, wo immer Sie können, und speichern Sie diese ganz bewusst auf Ihrer mentalen Festplatte ab. Am besten jeden Tag. Magic Moments sind der Schatz unseres Lebens. Wenn es das Leben einmal nicht so gut mit uns meint, können wir von diesen Momenten zehren.

Tipp:

Kopf-Kino

Jeden Tag sollte man sich für zehn Minuten zurückziehen, ein ruhiges Plätzchen suchen, die Augen schließen, sich entspannen und gedanklich möglichst realistisch seine Magic Moments noch einmal durchleben. Versetzen Sie sich gedanklich in Ihren Lieblingsliegestuhl im Garten, an einen schönen Urlaubsort, auf den Gipfel eines Berges oder baden Sie im letzten Erfolgserlebnis. Durchleben Sie Ihre Glücksgefühle! Das knüpft neue Verbindungen im Zentrum für positive Gedanken und Gefühle in Ihrem Gehirn. Die negativen Einflüsse laufen uns hinterher – um die positiven Momente müssen wir uns selbst kümmern!

Glückstagebuch

Kaufen Sie sich ein besonders schönes Notizbuch mit leeren Seiten und gewöhnen Sie sich an, jeden Tag einen glücklichen Moment festzuhalten.

Dies wird Ihnen dabei helfen, sich glückliche Momente nicht durch die Lappen gehen zu lassen. Und sollten Sie einmal viel Glück brauchen, können Sie in Ihren eigenen Magic Moments schwelgen.

Glücksbiografie

Wenn Sie wieder einmal etwas aus Ihrer Vergangenheit erzählen, versuchen Sie, sich vor allem auf die positiven Aspekte zu konzentrieren. Manche Menschen schildern ihre Vergangenheit, besonders die Kindheit, als ausschließlich unglücklich. Die Eltern haben einen nie verstanden, die Lehrerin hatte einen auf dem Kieker, und die Pubertät war der reinste Horror. Haben sie dabei nicht etwas vergessen? Wo sind die Lichtblicke?

Wer mit über 18 Jahren immer noch die Schuld bei anderen sucht, der hat das Leben nicht begriffen. Irgendwann kann man nicht mehr alles auf andere schieben, dann muss man selbst das Beste aus dem machen, was man mitbekommen hat. Ab jetzt ist Eigenverantwortung gefragt und kein Gejammer!

Lassen Sie sich auf das Experiment der Glücksbiografie ein und staunen Sie über die Resultate, die Ihnen widerfahren. Sich auf eine glückliche Vergangenheit zu beziehen, verändert auch die Gegenwart positiv und legt den Grundstein für eine glückliche Zukunft.

Gute Nachrichten verbreiten

Es gibt bestimmt vieles, worüber Sie sich freuen, aber selten würden Sie auf die Idee kommen, sich dafür zu bedanken. Warum eigentlich nicht? Warum nehmen wir vieles so selbstverständlich hin?

Die knallbunte Blumenpracht im Stadtpark, den Sitzplatz in der U-Bahn, das besonders gute Essen im Restaurant …

Wofür könnten Sie sich bedanken? Gehen Sie mit offenen Augen durch Ihr Leben. Schreiben Sie auch einmal einen Dankesbrief. Beschwerdebriefe gehen schnell von der Hand, aber wer macht sich heute noch die Mühe, sich schriftlich zu bedanken. Stellen Sie sich vor, welches Gefühl Sie haben, wenn Sie einen geharnischten Beschwerdebrief schreiben. Sie durchleben den ganzen Ärger noch einmal, und statt ihn sich von der Seele zu schreiben, »bahnen« Sie in Ihrem Gehirn höchst effektiv die Fähigkeit, zukünftigen Ärger noch schneller und intensiver zu empfinden.

Welches Gefühl haben Sie dagegen, wenn Sie einen Dankesbrief schreiben? Sie schwelgen noch einmal im Glück, im Mitgefühl, in der Freude oder einer Überraschung. Also in positiven Gefühlen, die nachhaltig das Gehirn verändern. Das Gehirn »übt« dabei sozusagen die Sprache des Glücks. Immer ein paar Vokabeln mehr.

Und wenn Sie es dann wirklich einmal tun, anstatt es sich nur vorzunehmen, werden Sie von der Reaktion überwältigt sein. Der Empfänger Ihres Briefes kennt so etwas nämlich nicht. Der ist dann selbst so aus dem Häuschen, dass er Sie anruft und Ihnen sagt: »So etwas Nettes habe ich noch nie erlebt!«

Es gibt viele Gelegenheiten, sich zu bedanken. Vielleicht haben

Ihre Kinder einen Lehrer, der sich besonders engagiert um sie kümmert. Es gibt nämlich auch nette Lehrer. Ich selbst hatte einen oder zwei. An aufgebrachte Eltern sind Lehrer gewöhnt. Verblüffen Sie die Menschen einmal mit dem Gegenteil!

Oder bedanken Sie sich bei Ihrem Schicksal. Ich mache das immer, wenn ich nach einer langen Autofahrt wieder sicher zu Hause angekommen bin. Innerlich sage ich »Danke!« und weiß gar nicht so genau zu wem. Einfach nur danke.

Begeisterung

Kinder sind pure innere Begeisterung. Beobachten Sie sie und lernen Sie von ihnen. Kinder wissen, wo das Glück zu finden ist. Meistens tragen Sie es sogar in sich. Kinder hüpfen auf und ab mit purer Energie und prall vor Glück und Freude, unermüdlich. Einfach so, einfach, weil das Leben so schön ist. Lassen Sie sich davon inspirieren und anstecken! Innere Begeisterung ist der schönste Motor für das Leben.

Glückssinne

Wecken Sie Ihre Glückssinne auf! Einen nach dem anderen. Erklären Sie einen beliebigen Tag zum Tag des Hörens. Es ist spannend, sich auf die Schönheit der Geräusche zu konzentrieren. Schon nach kurzer Zeit werden Sie feststellen, wie sich Ihr Gehör sensibilisiert. Um dem Gehörten Raum zu verschaffen, ist es hilfreich, die Augen zu schließen. Sie werden staunen, wie viel Ihnen zu Ohren kommen wird: das Zirpen einer Grille im Straßenlärm, das Knattern eines Motorrads, das Sie an einen wunderschönen Ausflug erinnert … Sie werden sich wundern, wie viele Assoziationen die Geräusche wecken, die Ihnen begegnen.

An einem anderen Tag machen Sie sich die Freude, intensiv zu riechen. Dort den Duft aus der Bäckerei, hier ein orientalisch anmutendes Parfüm, frisch gemähtes Gras … Folgen Sie Ihrer Nase! Düfte oder Gerüche, mit denen wir Schönes assoziieren, sind Pforten zu unserem persönlichen Paradies.

Geräusche und Gefühle – und mehr noch Gerüche und Gefühle – liegen sehr nahe beieinander, wie wir aus der modernen Hirnforschung wissen. Zudem gibt es einen direkten Zusammenhang zwischen Gerüchen, dem Immunsystem und der Stimmungslage. So bewirkt bereits der Duft von Schokolade, dass im Körper signifikant mehr Abwehrstoffe gegen Krankheiten gebildet werden. Sie brauchen die Schokolade also nicht mal zu essen. Hingegen waren die Immunglobuline bei jenen Versuchspersonen deutlich reduziert, die in einem Test an Extrakt von verdorbenem Fleisch riechen mussten. Die Botschaft ist klar: Nehmen Sie sich Zeit und stecken Sie Ihre Nase so oft wie möglich in Blumen.

Abwechslung

Gewohnheiten sind manchmal Mauern für das Glück, denn es erstarrt schnell in der Routine. Oft muss man erst einmal etwas ganz anderes machen, um das Glück im Alltäglichen wieder zu finden. Wissen Sie, was die größte Entdeckung auf dem ersten bemannten Weltraumflug zum Mond war? Es war die Erde! Die Astronauten waren so fasziniert von der Schönheit unseres blauen Planeten, dass sie ganz ehrfürchtig wurden und sich auch später intensiv dafür einsetzten, diese Schönheit zu erhalten. Sie schossen unzählige Fotos von der Erde, und eines davon wurde zum meistverkauften Poster in den nächsten zehn Jahren. Da musste man also erst zum Mond fliegen, um die Erde zu entdecken.

In welche Ihrer Gewohnheiten können Sie zumindestens Türen einbauen? Sie duschen immer nach dem Frühstück. Was, wenn Sie es mal davor tun? Sie fahren mit dem Auto zur Arbeit. Wie wäre es, mal das Fahrrad zu benutzen? Sie kämmen sich mit der rechten Hand – geht es auch mit der linken? Gibt es einen schöneren Weg zu Ihrer Arbeitsstelle als den kürzesten? Grüßen Sie den Pförtner, den Sie bisher immer übersehen haben. Verweilen Sie vor einem Schaufenster. Betrachten Sie die Menschen an der Kreuzung. Beobachten Sie die Fortschritte der Natur im Frühling. Kaufen Sie sich eine andere Tageszeitung als üblich. Machen Sie der Obstverkäuferin ein Kompliment. Stellen Sie mal einen anderen Radiosender ein. Egal, was Sie tun – Abwechslung macht lebensfroh und lädt die Glücksmomente ein!

Erste Hilfe

Wenn negative Gedanken Sie hartnäckig belästigen, setzen Sie den Wasserwerfer ein: Stellen Sie sich unter die Dusche. Spülen Sie die negativen Glaubenssätze weg. Visualisieren Sie, wie die Blockaden im Ausguss verschwinden. Fühlen Sie sich wie ein neuer Mensch, geboren, um sich am Leben zu freuen.

Wenn Sie möchten, beenden Sie diese Reinigung mit folgenden Sätzen, gleich einem kuscheligen Bademantel:

Ich bin offen für mein Glück.
Ich genieße das Leben.
Ich habe Glück.
Ich verdiene es, das Leben zu genießen.
Ich verdiene es, Glück zu haben.
Das Glück ist da.
Ich trage es in mir.
Weil ich da bin. Weil ich lebe.

Hauptsache abhaken

Viel zu oft setzen wir uns selbst und andere unter Druck, indem wir versuchen, unsere Listen der alltäglichen Erledigungen abzuarbeiten. Solche Listen sind voller Fallen. Listen verführen dazu, mit hoch gezogenen Schultern und starr nach vorne gerichtetem Blick durchs Leben zu hetzen. Nicht links, nicht rechts geschaut, nichts mitgekriegt, Hauptsache abhaken. Vorsicht Tunnelblick! Das mag kurz vor Weihnachten nicht anders möglich sein, aber Weihnachten steht nur einmal im Jahr vor der Tür. Wenn Sie das Leben nicht mehr genießen, sondern irgendwie »erledigen«, verpassen Sie viele Magic Moments. Sie verlieren die Freude am Leben, deren Boten schöne Augenblicke sind. Dort drüben das kleine Mädchen mit dem bunten Regenschirm. Und da, das freundliche Gesicht der alten Dame, dort die appetitlich angerichteten Früchte eines Obststandes.

Energie tanken

Die Natur hält alles für uns bereit, was wir brauchen. Manchmal brauchen wir von einem Element besonders viel. Viel Feuer, weil wir Überzeugungskraft benötigen; viel Erde, weil wir beharrlich sein wollen; viel Luft, weil wir Leichtigkeit lernen möchten; viel Wasser, weil wir in Fluss kommen möchten. Wir brauchen nur nach draußen zu gehen. Es ist alles da.

Nehmen Sie die Energien der Natur bewusst in sich auf und stärken Sie sich mit der Kraft der Elemente. Das kann – ganz unspektakulär – während eines Spaziergangs geschehen. Sie können sich aber auch gezielt an einen Ort in der Natur zurückziehen und dort auftanken. Meistens dauert es nicht lange, bis sich ein ruhiges, tiefes Glücksgefühl einstellt. Es ist immer wieder verblüffend, wie nah wir am Glück leben. Und wie selten wir diese natürlichen Energien anzapfen. Dabei braucht es nicht viel, sie zu aktivieren. Nur das Bewusstsein dafür, dass sie da sind.

Tagesbeginn

Starten Sie positiv gestimmt in jeden neuen Tag. Bleiben Sie nach dem Aufwachen kurz liegen und spüren Sie sich von Kopf bis Fuß. Atmen Sie bewusst. Strecken Sie sich. Fühlen Sie die Freude, am Leben zu sein.

Dies ist ein neuer Tag. Es wird ein schöner und glücklicher Tag. Überlegen Sie, wem Sie heute eine Freude bereiten wollen. Und denken Sie jeden Tag aufs Neue über Ihre heutigen Ziele nach, visualisieren Sie Ihre Ziele dabei möglichst genau. Visualisieren Sie nicht nur Ihr Tagesziel, sondern auch Ihre übergeordneten Lebensziele in möglichst bunten und schillernden Farben. Denn auch diese Tagesetappe führt Sie wieder einen Schritt hin zum Ziel. Träumen Sie sich, mit dem Sandmännchen noch im Auge, möglichst konkret in Ihren erwünschten Glückszustand. Dabei sollten Sie das Gefühl entwickeln, schon »da zu sein«. Ihr Ziel wirklich schon erreicht zu haben. Erinnern Sie sich an den Satz aus dem Buch der Bücher, der Bibel: »Bei allem, um was ihr betet und fleht, glaubet, dass ihr empfangen habt, und es wird euch zuteil werden …« Gedanklich schon am Ziel gewesen zu sein, das ist der Trick. Sie werden nichts erreichen, was Sie sich nicht vorstellen können. Und wenn Sie gar nicht wissen, wohin Sie wollen, dürfen Sie sich auch nicht wundern, wenn Sie dort nicht ankommen.

Tagesausklang

Bevor Sie einschlafen, legen Sie den Tag zur Ruhe. Besinnen Sie sich auf alle schönen Erlebnisse. Verweilen Sie bei den Glücksmomenten. Beenden Sie alle offenen Programme in Ihrem Kopf und fahren Sie den inneren Computer herunter. Und zwar ganz, nicht nur den Bildschirmschoner einschalten. Sonst besteht die Gefahr zu »hirnen«, und das stört einen gesunden und erholsamen Schlaf.

Wenn Sie möchten: Bedanken Sie sich für den vergangenen Tag.

Teil 8

Happyend

Vom Individuum zum Indivitrium

Wir haben das Glück nun von einigen Seiten beleuchtet und festgestellt, dass Körper, Geist und Seele in einem Ton harmonisch klingen müssen, um dem Glück die richtigen Noten vorzugeben.

Schon während meines Medizinstudiums in den USA und in Deutschland, aber auch während meiner langjährigen Tätigkeit in Krankenhäusern und in meiner eigenen Praxis, habe ich immer wieder eindrucksvoll erlebt, dass Gesundheit auf diesen drei Säulen beruht: Körper, Geist und Seele. So alt diese Weisheit auch ist, so jung erscheint sie, wenn man einen Blick auf die Schulmedizin wirft. Die moderne Schulmedizin läuft Gefahr, den Dreiklang von Körper, Geist und Seele zu stören, indem sie sich ausschließlich von den Errungenschaften des technischen Fortschritts begeistern und beeindrucken lässt. Wir kennen alle den Begriff »Apparatemedizin«, und wer hat nicht schon einmal von einem Fall gehört, wo ein Patient mehr Kontakt mit Maschinen und Bürokratie als mit Ärzten hatte. So als wären Patienten auf ihre organischen Funktionen reduziert, die technisch gewartet und effektiv verwaltet werden müssten, nach dem Motto: Wenn man bloß das richtige Werkzeug einsetzt, läuft der Motor schon wieder. Aber der Mensch ist keine Maschine. Er ist ein hoch sensibles, hoch komplexes Wesen. Hat ein Herz und ein Hirn. Hat Gefühle und Hoffnungen. Hat Sehnsüchte und Träume – und die spielen eine entscheidende Rolle für Gesundheit und Glück.

Darum habe ich die so genannten »Halbgötter in Weiß« für mich persönlich in zwei Gruppen aufgeteilt: Nach meiner Auffassung gibt es Ärzte und Mediziner. Mediziner sind häufiger zu finden als Ärzte. Der Mediziner spricht vom »Blinddarm auf Zimmer

114«, während der Arzt nicht vergisst, dass an dem Blinddarm ein Mensch hängt. Ich erinnere mich gut an meine Zeit als Assistenzarzt. Damals hatte ich einen Kollegen, der es regelmäßig schaffte, dass nach seinen Visiten mindestens drei Patienten weinten. Einfühlungsvermögen, behutsame Gesprächsführung, Hineinhören in den Patienten, das war einfach nicht »sein Ding«. Oft habe ich mich gefragt, warum er nicht Maschinenbau studiert hatte.

Nur der Arzt kennt das wichtige Zusammenspiel zwischen Körper, Geist und Seele. Demzufolge habe ich den Begriff des Individuums erweitert zum »Indivitrium«. Der Mensch ist gemeinhin definiert als Individuum (in = nicht, dividere = teilen, duum = zwei), also als unteilbare Zweiheit von Körper und Geist. »Indivitrium« bedeutet die nicht teilbare Dreiheit.

Um glücklich – und gesund – zu sein, bedarf es nicht nur des Körpers oder des Geistes oder der Seele. Nur das harmonische Zusammenspiel dieser nicht teilbaren Dreiheit, des »Indivitriums«, kann uns Glück und Gesundheit garantieren. Diese Erkenntnis ist natürlich nicht neu. Aber viele Menschen denken über solche Zusammenhänge nicht nach, weil sie vor lauter Arbeit oder Fernsehen gar nicht mehr wissen, wo ihnen der Kopf – und vor allem die Seele – steht.

Zum glücklichen Leben gehört das komplette Trio. Alle drei Faktoren – Körper, Geist und Seele – sind gleich wichtig. Wer nur einem Parameter zu wenig Beachtung schenkt, der wird sein Glück nie finden und kaum zu einer »ganzen« Persönlichkeit heranreifen. Wer seinen Körper vernachlässigt, Kette raucht und immer träger wird, der merkt bald, dass etwas fehlt zum Glück. Wer seinen Geist vernachlässigt und glaubt, Bildung sei etwas für die anderen, der wird sich eines Tages da wiederfinden, wo er nie enden wollte. Und wer denkt, die Seele sei ein esoterischer Unsinn, da man sie ja nicht sehen, fühlen oder schmecken kann, der wird auch kein Glück finden.

Es gibt Menschen, die die Seele spüren können. Erfahrenen Ärzten oder Krankenschwestern zum Beispiel passiert es oft, dass sie auf ihrer abendlichen stillen Visite in den dunklen Zimmern zwar noch die Silhouette des Patienten im Bett liegen sehen, aber plötzlich spüren: Da fehlt was! Und wenn sie nach dem Puls tasten, dann bestätigt sich das erste Gefühl: Der Patient ist gestorben. Der Körper ist noch da, aber es fehlt etwas, was man sogar spüren kann. Etwas, das erst auffällt, wenn es fehlt.

Es fehlt die Seele, und die Seele ist der unsterbliche Anteil des Geistes. Die Seele ist das Einzige, was bleibt, wenn wir nicht mehr da sind. Und die Seele wächst nicht durch das, was wir materiell angehäuft haben. Die Seele wächst auch nicht durch unser intellektuell erworbenes Wissen. Die Seele wächst allein an unseren Gedanken und Gefühlen. Und um den unsterblichen Anteil unseres Selbst zu erhöhen, sollten wir uns mit möglichst vielen positiven Gedanken und Gefühlen beschäftigen.

Meiner Überzeugung und jahrzehntelangen Erfahrung nach sieht die Aufteilung des Glücks- und Gesundheitskuchens folgendermaßen aus:

Zu 15 Prozent spielt unsere Ernährung eine Rolle – hier können wir unsere Gesundheit und unser Glück würzen; fünf Prozent können wir zudem selbst bewegen, indem wir im gesunden Bereich Sport treiben; unglaubliche 80 Prozent unseres Lebensglücks liegen ganz und gar in unserer persönlichen inneren »Farbgestaltung«: Licht oder Schatten; hell oder dunkel.

»Glück ist kein Geschenk der Gäter –
es ist die Frucht einer inneren Einstellung.«

(Erich Fromm)

Wenn man die Biografien von bedeutenden Wissenschaftlern liest, wie beispielsweise die der beiden Nobelpreisträger Albert Einstein (»Mein Weltbild«) und Erwin Schrödinger (»Was ist Leben«), so fällt eines auf:

Am Ende des Lebens lehnen sich diese Menschen noch einmal

zurück und versuchen, das Leben als Ganzes zu begreifen. Sie wissen ganz genau, sie könnten noch 500 Jahre leben und forschen und würden trotzdem den wahren Kern des Daseins nicht entdecken. So entwickeln sie mit all ihrer Lebenserfahrung und Weisheit Ihr ureigenes, ganzheitliches Weltbild, fernab der Wissenschaft. Oft ist dieses Weltbild geprägt von Religiosität und Spiritualität. Einstein hat einmal diesbezüglich über die persönliche Entwicklung der Forscher gesagt: »Wer am Becher der Wissenschaft nippt, wird Atheist. Doch auf dem Boden wartet Gott.«

Die Menschen, die nur auf der körperlichen Ebene leben, fürchten nichts mehr als den Tod. Menschen dagegen, die schon einmal die Erfahrung der Transzendenz gemacht haben und den Zusammenhang zwischen Körper, Geist und Seele erkannt haben und als Individitrium leben, haben keine Angst vor dem Tod. Ohne Angst verbessert sich über den beschriebenen Mechanismus der Psychoneuroimmunologie das Immunsystem und kämpft effektiver gegen Krankheiten an. Angst vor dem Tod schwächt unsere Abwehr. Die meisten Menschen glauben, wir sind Körper und haben Geist. Ich glaube, es ist genau umgekehrt. Wir sind Geist – und haben einen Körper. Der Körper ist nur der irdische Anzug des Geistes. Die alten Yogi wussten: Der Atem ist das Band, das Geist und Seele mit dem Körper verbindet. Es beginnt mit dem ersten Atemzug und endet mit dem letzten. Danach ist der Geist wieder frei. Diesen Zustand kann man manchmal spüren, was dann zu wirklich spirituellen Erlebnissen führt. Wenn sie keine körperlichen Grenzen spüren, dann wird die Wahrnehmung grenzenlos. Man spürt, dass man nicht auf die körperliche Hülle beschränkt ist, sondern Teil ist vom Ganzen.

Als Albert Einstein während des Ersten Weltkrieges wegen eines Leberleidens todkrank im Bett lag, wunderten sich seine Besucher über seine unerschütterliche Heiterkeit und Gelassenheit. Die Frau seines Physikerfreundes Bohr fragte ihn, ob er denn gar keine Todesfurcht empfinden würde. Einstein antwortete: »Weshalb?

Ich fühle mich so solidarisch mit allen Lebenden, dass es mir einerlei ist, wo der eine anfängt und der andere aufhört.«

In den dreißiger Jahren, wieder bei bester Gesundheit, gestand Einstein in Princeton seinem Mitarbeiter Leopold Infeld: »Gewiss, das Leben ist eine aufregende Angelegenheit. Ich genieße es. Es kann wunderbar sein. Aber wenn ich wüsste, dass ich in drei Tagen sterben muss, wäre ich wenig davon beeindruckt und würde mir keine düsteren Gedanken machen. Ich würde mir überlegen, wie ich diese drei Tage am besten nutzen könnte, meine Papiere ordnen und mich friedlich niederlegen.«

Wenn's am schönsten ist, soll man aufhören – und anfangen

Es war im Atlantik, irgendwo kurz vor dem Äquator. Ich stand allein an der Reling des Traumschiffs MS Europa und schaute auf den Horizont. Ein Bild des Friedens und der vollkommenen Harmonie.

Auf einmal tauchten sie auf. Das Meer kochte. Eine Schule von drei- oder vierhundert Delfinen. Allesamt hungrig, alle auf der Jagd. Sie schossen durch das Wasser. Schraubten sich in die Luft, ließen sich auf den Fischschwarm fallen, den andere Delfine vor sich hertrieben. Tauchten ab, fraßen die durch den Aufprall betäubten Fische, tauchten wieder auf, drehten ihre Kunststücke in der Luft ... und verschwanden so schnell, wie sie gekommen waren.

Lange noch stand ich an der Reling und schaute auf das Meer, das wieder glatt und ruhig vor mir lag.

Die Sonne, ein glühend roter Ball, berührte das Wasser. Die Luft war so warm, dass ich keinen Unterschied spürte zwischen mir und meiner Umgebung. Ein Licht wie aus einer anderen Welt überzog das Meer und den Horizont mit einem atemberaubenden rötlich violetten Schimmer. Da hätte ich durch die Luft und in das Wasser springen können wie ein Delfin. Einfach über die Reling springen, nicht um im Wasser *unter*zugehen, sondern um im Wasser *auf*zugehen. Um durch das ewige Auf und Ab des Meeres den Pulsschlag der Ewigkeit zu spüren. Teil der Schöpfung zu sein. Eins zu sein mit allem. Aufzugehen in allem. Denn genau das wird mit uns geschehen, wenn wir einmal nicht mehr sind auf dieser

Welt. Wenn der Körper nicht mehr da ist, der Geist schwindet, und nur noch die Seele für immer und ewig übrig bleibt.

Ich speicherte diesen Magic Moment ab. Heute noch, wann immer ich daran denke, wallt das tiefe Glücksgefühl in mir auf, das ich erleben durfte, und manchmal kommt es mir vor, als wäre ich doch einer von ihnen gewesen, wenn auch nur kurz. Einer dieser fliegenden, vor Freude und Glück tanzenden Delfine.

Weil ich solche Momente allen Menschen wünsche, habe ich dieses Buch geschrieben.

Anhang

Empfehlenswerte Nahrungsergänzungen:

Protein plus:	reich an wertvollen essenziellen Aminosäuren, frei von Purinen (Harnsäure), Cholesterin und Gluten.
Magnesium 300mg Cadion:	Das Salz der inneren Ruhe und Belastbarkeit.
L-Pat:	Der »Dünger fürs Gehirn« enthält die beiden wichtigsten gehirnaktiven Aminosäuren, die gerade gestresste Kopfarbeiter vermehrt verbrauchen.

Weitere Informationen unter www.cadion.de

Kontakt zum Autor

Wollen Sie Ihre Botenstoffe des Glücks messen lassen?

Praxis Dr. med. Michael Spitzbart,
Eckenhaider Weg 6
91207 Lauf an der Pegnitz
Telefon 0 91 26 - 47 30
Fax 0 91 26 - 49 21

Oder möchten Sie an einem der Seminare von Dr. Spitzbart teilnehmen?

Das tolle Gefühl, körperlich und mental in Top-Form zu sein – das wünschen wir uns alle. Und wir sind bereit, viel dafür zu tun: Wir achten auf das, was wir essen. Wir versuchen, uns regelmäßig Bewegung zu gönnen. Und doch – so richtig zufrieden sind wir nicht ...

Kein Wunder – so können Sie Ihr Ziel nicht erreichen. Denn es ist eine medizinische Tatsache: Einzelne Maßnahmen, wie wohltuend und effektiv auch immer, besitzen nicht die Kraft zu nachhaltiger Veränderung.

Aus diesem Grund hat Dr. Spitzbart das integrierte Programm POWER YOUR LIFE! entwickelt. Es verbindet alle vier Win-Faktoren, die für nachhaltige körperliche und mentale Bestform notwendig sind:

- Bodyprofile: Mehr als Ihre Persönlichkeit oder Willensstärke sind Ihre Blutwerte der Schlüssel zum Erfolg. Mit Bodyprofile bringen Sie Ihre Blutwerte in Höchstform – und nichts wird Sie mehr aufhalten.

- Bewegung: Lernen Sie, mit minimalem Zeitaufwand maximale Erfolge zu erzielen. Mit dem richtigen Bewegungsprogramm werden Sie lästiges Fett schnell abbauen, Ihre Blutgefäße öffnen und Ihre Lebensadern von gefährlichen Fettablagerungen dauerhaft befreien. Sie werden spürbar und nachhaltig jünger und leistungsfähiger.

- Energy-Food: Richtige Ernährung stimuliert auf ungeahnte Weise unser Hormonsystem. Ihre optimistische Grundstimmung, der Spiegel Ihrer Glückshormone, Ihre Angriffslust und

Ihr Stehvermögen sind ganz entscheidend von Ihrer täglichen Ernährung abhängig.

- Charisma: Lernen Sie, wie Sie nach einem harten Arbeitstag am schnellsten abschalten. Tanken Sie neue Energie und spüren Sie die positiven, gesunden Effekte der Entspannung. Bedienen Sie sich aller mentalen Regenerationsmethoden, die die Menschheit je ersonnen hat, vom Umschreiben Ihres inneren Drehbuchs über Visualisierung bis Zen. Warten Sie nicht, bis die Batterien leer sind, sondern tanken Sie täglich neue Kraft!

Langjährige ärztliche Erfahrungen und wissenschaftliche Erkenntnisse aus Spitzensport, Ernährung und Psychologie sind in dieses Programm eingeflossen.

Weitere Informationen über die Seminare von Dr. Spitzbart erhalten Sie unter www.spitzbart.com

Register

A

ACTH 80, 123f.
Adrenalin 84,122
Alkohol 82, 95, 103, 122f., 126
Allergien 39f., 105
Altersdiabetes 64
Aminosäuren im Überblick 76f.
Aminosäuren 52, 71ff., 76f., 120, 125, 127, 141
Anabolika 42
Anouilh, Jean 21
Anti-Aging 127f.
Anitdrepressiva 119, 138
Aquin, Thomas von 58
Arginin 124ff.

B

Bernanos, Georges 194
Beta-Endorphin 122f.
Beziehungsstress 196
Bioläden 53f., 60, 109
Biotin 83f., 91
Blutwerte 10, 111f.
Bohlen, Dieter 207
Böhm, Karl 22
Böhm, Karl-Heinz 207
Bohr 240
Buck, Pearl S. 30
Busch, Wilhelm 22

C

Calcium 88, 93f., 101, 136
Charisma 24, 90, 113
Chlor 93
Cholesterin 45f., 49, 70f., 74, 97, 111, 120, 132
Chrom 93, 101, 108, 112
Cicero, Marcus Tullius 104
Cobalamin 85f., 91
Contergan 108
Cortisol/Cortison 42f.
Csikszentmihalyi, Mihaly 159

D

Demokrit 202
Diabetes 64, 104
Dopamin 110, 116ff., 145

E

Ebner-Eschenbach, Marie von 199
Einstein, Albert 163, 239f.
Eisen 70, 93, 97f., 101

Eiweiß 32, 41, 67, 70ff., 83, 85, 98, 109, 112, 115, 120
Endorphine 42, 115f., 132, 142
Epikur 207

F
Falk, Peter 206
Fastfood 49, 68
Feldbusch, Verona 207
Fernseher 28, 131, 202f., 238
Feuerbach, Ludwig A. 176
Fitfood 58
Flow 112, 118, 158f.
Folsäure 84f. 91, 123f.
freie Radikale 82f., 99, 102, 121, 124
Fromm, Erich 239

G
Gates, Bill 207

H
heiliger Antonius 186
Hillary, Sir Edmund 204
Hollmann, Wildor 140

I
Immunsystem 39ff., 42, 72, 76, 78, 93, 98f., 101f., 116, 185, 195, 228, 240
Infektanfälligkeit 73, 81, 100
Infeld, Leopold 241
Insulin 61ff., 64, 103, 127f.

J
Jogging 133, 138ff., 148, 182

K
Kalium 93, 101
König Midas 206f.
Kostolany, André 32f.
kurzkettige Kohlenhydrate 61, 63, 65ff., 69, 109

L
Lactase 105
Lactose 105
langkettige Kohlenhydrate 63, 65ff., 69
Leukozyten 40, 57
Lichtdusche 87
Lithium 100ff.
Lohberger, Hans 147
Lymphozyten 40
Lysin 125

M
Magnesium 95f., 99, 101, 103, 109
Makrophagen 40
Mangan 101, 112
Mann, Thomas 31
Melatonin 121f., 128
Messner, Reinhold 193
Milch 79, 105
Mineralstoffe im Überblick 101f.
Mount Everest 204

N
Naschen 64
Natrium 93, 101
negative Gedanken 156f., 171, 177, 184, 230
negative Gefühle 156f., 171, 182
Neid 210ff.
Neurodermitis 105
Noradrenalin 76, 80, 84, 121, 123
Novalis 191

O
Opioide 110, 116, 145, 194
Osteoporose 127
Östrogen 103

P
Pantothensäure 88, 91
Paracelsus 44
Pawlow 167
Phenylalanin 71, 76, 112, 121f., 141
Phosphor 94f., 101
positive Gedanken 156ff., 171, 174f., 182, 222
positive Gefühle 156f., 171, 222, 225
Progesteron 114
Proteine 70ff.
Psychoneuroimmunologie 41, 185, 240

R
Rubinstein, Artur 211
Runners High 142, 147f.

S
Sagan, Françoise 219
Schiller 24
Schrödinger, Erwin 239
Schwefel 93, 101
Schweitzer, Albert 98
Seele 238ff., 243
selektive Wahrnehmung 164
Selen 82, 93, 99f., 102, 106, 113
Seneca, Lucius Annaeus 112, 132
Senna, Ayrton 158
Serotonin 118ff., 133
Shaw, George Bernard 20, 35
Socken-Test 74
Spurlock, Morgan 49, 52
Stress 43ff., 73, 143, 185, 194, 200

T
Tante Anni 186
Tante in Istanbul 30
Testosteron 98, 114f.
Tryptophan 71, 76, 112, 119f., 141
Tschopp, Charles 205

U

Uhlenbruck, Gerd 42
Unterbewusstsein 15, 161, 164ff., 177, 184
Unzufriedenheit 15, 18f., 27, 214

V

Vitamin A 82, 88, 91
Vitamin B12 85f., 91
Vitamin B2 86, 91
Vitamin C 80ff., 82, 91, 98, 109, 122
Vitamin D 86ff., 91
Vitamin H 83f., 91
Vitamin Q10 82, 91
Vitamine im Überblick 91
Vitamintankstelle 79

W

Wachstumshormon HGH 62, 76, 103, 126ff.
Walking 148
Wohlbefinden 103, 205f., 213

Z

Zink 83, 99f., 102, 112
Zufriedenheit 21ff., 214